As neurociências:
questões filosóficas

As neurociências: questões filosóficas
Eduardo Kickhöfel

FILOSOFIAS: O PRAZER DO PENSAR
Coleção dirigida por
Marilena Chaui e Juvenal Savian Filho

wmf **martinsfontes**
São Paulo 2014

*Copyright © 2014, Editora WMF Martins Fontes Ltda.,
São Paulo, para a presente edição.*

1ª edição 2014

Edição de texto
Juvenal Savian Filho
Acompanhamento editorial
Helena Guimarães Bittencourt
Revisões gráficas
Letícia Castello Branco Braun
Solange Martins
Edição de arte
Katia Harumi Terasaka
Produção gráfica
Geraldo Alves
Paginação
Moacir Katsumi Matsusaki

**Dados Internacionais de Catalogação na Publicação (CIP)
(Câmara Brasileira do Livro, SP, Brasil)**

Kickhöfel, Eduardo
  As neurociências : questões filosóficas / Eduardo Kickhöfel. – São Paulo : Editora WMF Martins Fontes, 2014. – (Filosofias : o prazer do pensar / dirigida por Marilena Chaui e Juvenal Savian Filho)

  ISBN 978-85-7827-787-1

  1. Filosofia 2. Filosofia da mente 3. Neurociências I. Chaui, Marilena. II. Savian Filho, Juvenal. III. Título. IV. Série.

13-13131 CDD-128.2

Índices para catálogo sistemático:
1. Filosofia da mente   120
2. Mente e cérebro : Filosofia   120

Todos os direitos desta edição reservados à
Editora WMF Martins Fontes Ltda.
*Rua Prof. Laerte Ramos de Carvalho, 133 01325.030 São Paulo SP Brasil
Tel. (11) 3293.8150 Fax (11) 3101.1042
e-mail: info@wmfmartinsfontes.com.br http://www.wmfmartinsfontes.com.br*

Impressão e acabamento: Yangraf Gráfica e Editora

SUMÁRIO

Apresentação • 7
Introdução • 9

1 Um pouco da História da Filosofia • 13
2 Um pouco de Neurociência • 30
3 Impasse • 42
4 Conclusão • 49

Ouvindo os textos • 53
Exercitando a reflexão • 87
Dicas de viagem • 98
Leituras recomendadas • 104

APRESENTAÇÃO
Marilena Chaui e Juvenal Savian Filho

O exercício do pensamento é algo muito prazeroso, e é com essa convicção que convidamos você a viajar conosco pelas reflexões de cada um dos volumes da coleção *Filosofias: o prazer do pensar*.

Atualmente, fala-se sempre que os exercícios físicos dão muito prazer. Quando o corpo está bem treinado, ele não apenas se sente bem com os exercícios, mas tem necessidade de continuar a repeti-los sempre. Nossa experiência é a mesma com o pensamento: uma vez habituados a refletir, nossa mente tem prazer em exercitar-se e quer expandir-se sempre mais. E com a vantagem de que o pensamento não é apenas uma atividade mental, mas envolve também o corpo. É o ser humano inteiro que reflete e tem o prazer do pensamento!

Essa é a experiência que desejamos partilhar com nossos leitores. Cada um dos volumes desta coleção foi concebido para auxiliá-lo a exercitar o seu pensar. Os temas foram cuidadosamente selecionados para abordar os tópicos mais importantes da reflexão filosófica atual, sempre conectados com a história do pensamento.

Assim, a coleção destina-se tanto àqueles que desejam iniciar-se nos caminhos das diferentes filosofias como àqueles que já estão habituados a eles e querem continuar o exercício da reflexão. E falamos de "filosofias", no plural, pois não há apenas uma forma de pensamento. Pelo contrário, há um caleidoscópio de cores filosóficas muito diferentes e intensas.

Ao mesmo tempo, esses volumes são também um material rico para o uso de professores e estudantes de Filosofia, pois estão inteiramente de acordo com as orientações curriculares do Ministério da Educação para o Ensino Médio e com as expectativas dos cursos básicos de Filosofia para as faculdades brasileiras. Os autores são especialistas reconhecidos em suas áreas, criativos e perspicazes, inteiramente preparados para os objetivos dessa viagem pelo país multifacetado das filosofias.

Seja bem-vindo e boa viagem!

INTRODUÇÃO
Não somos mais do que um monte de neurônios?

Neste momento, você está lendo este pequeno livro; lendo precisamente estas palavras. De algum modo, você escolhe estar assim, e isso, em um primeiro momento, parece simples.

Sim, você escolhe; assim como você escolhe diversas outras coisas em sua vida. Entretanto, se você parar para pensar, descobrirá que poucas das escolhas de seu dia a dia são efetivamente escolhas feitas por você. Basta um pouco de introspecção e reflexão para constatar que seu cérebro coordena seus batimentos cardíacos independentemente de você, ou para ver que, mesmo tendo controle de diversos músculos que o fazem respirar, você não é capaz de parar de respirar até morrer. Ao caminhar, você até pode decidir a direção a seguir, como esquerda ou direita, mas evita obstáculos antes de pensar a respeito deles, e muitas vezes antes mesmo de notá-los. Seu cérebro percebe e processa estímulos; produz então comportamentos chamados atos reflexos.

Mais importante do que isso, a maior parte de seus pensamentos – no sentido de processos de uma maneira ou de outra articulados por palavras – ocorre de modo automático. De alguma forma, você escolhe neste momento ler este pequeno livro, mas, uma vez isso posto, você não escolhe perceber estas palavras. Tal qual no caso de atos reflexos, seu cérebro tem uma história evolutiva que, realizada ao longo de sua própria história de vida, faz os estímulos visuais que você recebe serem processados automaticamente de sua retina até a parte posterior do giro temporal superior do hemisfério esquerdo de seu cérebro. Talvez você nem escolha compreender essas palavras, mas apenas as compreende de modo automático, ou melhor, o giro temporal superior do hemisfério esquerdo de seu cérebro compreende-as automaticamente. Lendo ou não, você pode até estar pensando especificamente a respeito dessas palavras, mas as ideias que você tem simplesmente acontecem, como se brotassem de forma espontânea em você.

Você pode ainda ficar triste ou mesmo deprimido, às vezes sem motivo aparente, e certamente não quer ficar assim. Seus pensamentos, que não são palpáveis como este livro, mas privados e subjetivos, parecem ter vida própria. Eles ocorrem independentemente de você, ou ao menos daquele "você" que de algum modo você considera consciente e capaz de decidir e escolher entre isto ou aquilo.

Há aproximadamente quarenta anos, psicólogos experimentais e neurologistas, entre outros, deram início a uma disciplina chamada Neurociência. Existe quem fale no plural, ou seja, Neurociências, para enfatizar seus múltiplos aspectos. Hoje, as Neurociências compreendem diversas áreas, e de especial interesse aqui é a chamada Neurociência cognitiva, focada sobretudo em bases neurais do pensamento.

Segundo os neurocientistas, nossos pensamentos são redutíveis a processos bioquímicos no cérebro, como resumido em uma famosa bravata de Francis Crick: "Você, suas alegrias e suas dores, suas memórias e suas ambições, seu senso de identidade pessoal e livre-arbítrio, não é de fato nada mais do que o comportamento de uma vasta organização de células e moléculas associadas. Você é nada mais do que um monte de neurônios." Para os neurocientistas, essas palavras soam óbvias. Entretanto, elas se chocam diretamente com nossas percepções comuns de que nosso pensamento é diverso da matéria que nos compõe e de que somos livres e conscientes de nossas escolhas.

No contexto tecnocientífico em que estamos, é inevitável que olhemos para as Neurociências, que aparecem em matérias de semanários, notícias de jornal e livros de divulgação, e agem em nosso dia a dia por meio de medicamentos que alteram sensações, emoções e comportamentos. Especificamente na Filosofia, as Neurociências invadem áreas até recentemente consideradas filosóficas, especialmente as relações entre mente e corpo, e, assunto de especial interesse aqui, questões de um modo ou de outro relacionadas às noções de liberdade e livre-arbítrio. Eis um impasse, talvez o grande impasse que neurocientistas e filósofos debaterão nos próximos anos.

1. Um pouco de História da Filosofia

O problema em questão vem da Grécia, onde alguns dos primeiros filósofos, naquele tempo chamados de "fisiólogos" (por procurarem conhecer a *phýsis* ou o princípio elementar que compunha todas as coisas), conceberam o atomismo.

Os maiores expoentes do atomismo foram Leucipo de Mileto (nascido por volta do ano 500 a.C.) e Demócrito de Abdera (460-370 a.C.). Pouco se conhece das doutrinas de Leucipo de Mileto, considerado o criador do atomismo, mas seu seguidor, Demócrito de Abdera, é suficientemente citado por Aristóteles e outros escritores antigos.

Segundo os atomistas, o mundo seria feito de interações e combinações de átomos (literalmente, elementos "não cortáveis" ou "indivisíveis"), em movimentos locais através do vazio. Os átomos teriam apenas as propriedades da forma, ordem e posição, sendo sólidos e indestrutíveis, e eles formariam todos os corpos. As percepções também seriam interações entre átomos, como sugere o conhecido fragmento de Demócrito: "Por convenção existe o doce e por convenção o amargo, por convenção o quente, por convenção o frio, por convenção a cor; na realidade, porém, átomos e vazio" (in: *Pré-socráticos*. Vários tradutores. São Paulo: Nova Cultural, vol. II, 1989, p. 124. Col. "Os Pensadores").

Segundo Demócrito, os gostos seriam causados pelas texturas de átomos na língua, por exemplo, os gostos amargos, causados por átomos pontiagudos, e Aristóteles deixa claro que, para Demócrito, a alma era parte do mundo material, também formada por átomos. Supõe-se que Demócrito considerou que o pensamento também ocorria por meio de interações e combinações de átomos. Por conseguinte, o atomismo antigo concebia o homem como mais um resultado da *phýsis*, ou seja, da necessidade da Natureza, indiferente aos anseios e intenções dos homens.

Em oposição ao atomismo, Platão (427-347 a.C.), no diálogo intitulado *Fédon*, articula um discurso em que Sócrates (c. 469 a.C.-399 a.C.) recusa as explicações atomistas. Após ser condenado pelos atenienses,

Sócrates se encontra preso e, na última tarde de sua vida, dialoga com seus amigos na prisão. Ao responder a Cebes se a alma é imperecível e imortal, Sócrates recorda as investigações naturais em que acreditara em sua juventude, as quais diriam as verdadeiras causas das transformações das coisas no mundo, incluindo o porquê do nascimento e da morte de cada coisa, e a razão de existirem. Sócrates aprendera a respeito de que seriam o calor e o frio, o sangue, o ar ou o fogo, ou ainda o cérebro, que dão origem às sensações do ouvido, da vista e do olfato, das quais surgiria a memória e a opinião, e, da memória e da opinião, uma vez tornadas calmas, nasceria o conhecimento (cf. *Fédon* 96a-b).

Confuso, Sócrates descobriu que Anaxágoras (c. 500 a.C.-428 a.C.) considerara o intelecto o princípio organizador e causa de tudo, e que só o que importa ao homem considerar, tanto em relação a si mesmo quanto a tudo o mais, é o modo melhor e mais perfeito de ser. Entretanto, ele logo descobriu que Anaxágoras considerara que a explicação das causas das coisas estava apenas no ar, no éter, na água e em uma infinidade de outras causas extravagantes. Para exprimir a confusão de Sócrates, diz Platão: "Quis parecer-me que com ele acontecia como com quem começasse por declarar que tudo o que Sócrates faz é determinado pela inteligência, para depois, ao tentar apresentar a causa de cada um dos meus atos, afirmar, de início, que a razão de encontrar-me sentado agora neste lugar é ter o corpo composto de ossos e músculos, por serem os ossos duros e separados uns dos outros pelas articulações, e os músculos de tal modo constituídos que podem contrair-se e relaxar-se, e por cobrirem os ossos, juntamente com a carne e a pele que os envolvem. Sendo móveis os ossos em suas articulações, pela contração ou relaxamento dos músculos fico em condições de dobrar neste momento os membros, razão de estar agora sentado aqui com as pernas flectidas" (*Fédon* 98c-d, in: PLATÃO. *Fédon*. Trad. Carlos Alberto Nunes. Belém: UFPA, 2011).

Essa explicação lhe parece insuficiente, pois "a mesma coisa se daria, se a respeito de nossa conversação indicasse como causa a voz, o ar, os sons, e mil outras particularidades do mesmo tipo, porém esquecesse de mencionar as verdadeiras causas" (98d, *idem*) de sua aceitação da pena imposta pelos atenienses e recusa em fugir, como seus amigos queriam. Sócrates, assim, não recusa o atomismo, mas recusa-o ao tratar de questões humanas: "Se alguém dissesse que sem ossos e músculos e tudo o mais que tenho no corpo eu não seria capaz de pôr em prática nenhuma resolução, só falaria a verdade. Porém afirmar que é por causa disso que eu faço o que faço, e que assim procedendo me valho da inteligência, mas não em virtude da escolha do melhor, é levar ao extremo a imprecisão da linguagem e revelar-se incapaz de compreender que uma coisa é a verdadeira causa, e outra, muito diferente, aquilo sem o que a causa jamais poderá ser causa" (99a-b, *idem*). Sócrates mostra de modo claro a questão central deste pequeno livro: a cisão entre o mundo material, sujeito à necessidade da Natureza, e o pensamento imaterial, responsável por intenções e escolhas. Como se sabe, a união entre corpo e alma em Platão é um mistério, e Sócrates escolheu morrer. Estava colocado o conflito entre necessidade e liberdade.

É importante mencionar que entre os pensadores antigos, embora se falasse de uma dualidade corpo-mente (matéria-espírito), isso não significava que eles defendessem propriamente um dualismo, como faria René Descartes (1596-1650) no século XVII, ou seja, a concepção do corpo e da mente como duas substâncias independentes e mesmo opostas. No caso daqueles pensadores, parece legítimo dizer que eles afirmavam a existência de uma dualidade de substâncias que resultavam na unidade de cada indivíduo humano, mas não numa junção de duas substâncias que se mantinham inteiramente autônomas mesmo quando ligadas em cada ser humano. Para Platão, o corpo era essencial para a ascensão na posse do conhecimento (dialética). Santo Agostinho (354-430) seguiria a tradição platônica, reelaborando a tradição bíblica judaico-cristã e recorrendo à imagem do homem e da mulher como imagem de Deus para conceber o ser humano como pessoa, ou seja, unidade indissolúvel formada de corpo e alma, os quais seriam duas substâncias distintas, porém não independentes. Essa distinção entre dualidade e dualismo pode parecer excessivamente artificial e abstrata, mas duas metáforas (empregadas por filósofos antigos e medievais) podem ser úteis para auxiliar-nos a compreendê-la: a salmoura resulta da mistura de água e sal, mas é uma coisa una, inteira, sem que seus componentes se confundam ou se identifiquem, nem se separem ou se oponham; por isso, a salmoura é uma metáfora da dualidade; já uma mistura de água e óleo é apenas uma justaposição de elementos que, no limite, não se misturam, pois suas naturezas não se prestam a isso, uma vez que sempre se separam e se opõem; essa mistura de água e óleo é uma metáfora do dualismo.

Nesse mesmo sentido da dualidade, não obstante pertencer a uma tradição diversa, Aristóteles (384-322 a.C.) considerava a alma como forma do corpo e admitia que o intelecto, uma das funções da alma, não tinha órgão corporal, embora considerasse que os sentidos estavam na base do conhecimento. Agora, levando em conta o impasse em questão, ou seja, o impasse entre necessidade física e liberdade não física ou espiritual, cabe aqui investigar muito brevemente algumas noções de sua filosofia natural.

O Estagirita elaborou sua "física", a ciência da *phýsis* ou "filosofia natural", com base nas sensações e experiências comuns. Suas explicações eram qualitativas. Para ele, ter ciência a respeito de algo significava conhecer as quatro causas de algo: a causa material (aquilo de que uma coisa é feita; por exemplo, o bronze de uma estátua); a causa formal (a estrutura que a matéria toma para ser algo determinado; por exemplo, a identidade de Hermes, em virtude da qual uma quantidade de bronze é dita ser uma estátua de Hermes); a causa eficiente (o agente responsável pelo processo que faz tal quantidade de matéria vir a ser algo; por exemplo, o escultor que formou tal quantidade de bronze na forma de Hermes); e a causa final (o objetivo ou propósito em vista do qual a coisa é feita; por exemplo, a estátua foi criada para honrar o deus Hermes). Se a noção de causa final, no exemplo em questão, não apresenta problemas, a ideia de causa final aplicada à Natureza implicava que os corpos tinham em si causas que os impulsionavam para atingir seu estado melhor e mais perfeito, como os corpos pesados em relação a seu lugar natural no centro fixo do mundo, ou seja, a Terra, ou então os dentes que existiam para cortar e mastigar comida. Segundo Aristóteles, as causas finais eram imanentes aos corpos naturais.

Séculos após, entretanto, a teleologia aparece repleta de noções propriamente humanas. Por exemplo, João de Sacrobosco (c. 1195-1256), autor de um importante resumo da cosmologia antiga, argumentava que o mundo é redondo, e, como uma das provas disso, diz que as partes da água naturalmente desejam a forma redonda, como acontece em gotinhas e no orvalho das ervas. Nicolau Copérnico (1473-1543), logo no início do livro *As revoluções dos orbes celestes*, publicado em 1543, argumentava semelhantemente ao dizer que o universo é esférico e que "isso se vê nas gotas de água que desejam sua forma final". Chama-se essa postura de naturalismo renascentista. Entretanto, a filosofia natural antiga tinha seus dias contados, fato que teria consequências importantes na questão central deste pequeno livro.

A nova ciência surgiu nos céus. Como é bem conhecido, Copérnico concebeu um universo em que a Terra se move em torno do Sol, começando a romper com as percepções comuns, pois, mesmo não percebendo que a Terra se movia, ousava pensar isso. O que se percebia não era mais o que era, e a distinção entre sensível e inteligível, que estava na base da filosofia grega, começava a tomar uma feição nova. Com efeito, mudar a cosmologia aristotélica requeria elaborar uma nova física, sugerindo assim o começo da ciência moderna. Galileu Galilei (1564-1642), para explicar o movimento da Terra, tal como ele defendia desde suas observações telescópicas publicadas no *Mensageiro das estrelas*, em 1610, elaborou uma física prevalentemente quantitativa, quer dizer, experimental e matemática, sem as causas finais da filosofia aristotélica.

No livro chamado *O ensaiador*, Galileu considera a distinção entre qualidades primárias e qualidades secundárias. As qualidades primárias eram estudadas seguindo experimentos (artefatos feitos para isolar e controlar as variáveis que se queria explicar, como no caso do plano inclinado) e tratamentos matemáticos (quantitativos). Além desses acidentes primários e reais, cheiros, cores e sabores não eram outra coisa que puros nomes. Eliminando a noção de causa final imanente a cada corpo, Galileu propunha o conceito de força, a que os corpos eram indiferentes, e buscava leis, ou seja, descrições matemáticas de eventos. Entendia, assim, que os corpos não caíam mais para seu lugar natural, seguindo sua causa final, mas seguindo uma composição de forças, que incluía a rotação da Terra. As qualidades secundárias, por sua vez, como odores e cores, só existiam nos sujeitos que as percebiam, e não eram objetos da ciência. De certo modo, Galileu voltava ao atomismo antigo. Isso implicava a recusa de considerações de valor, de perfeição, de sentido ou finalidade, e o universo em certo sentido era "desumanizado". Aqui, também começava a surgir a separação entre Física ou filosofia natural e Metafísica, ou simplesmente entre Ciência e Filosofia, consolidada nos séculos XVIII e XIX. A Ciência passa a ocupar-se de questões experimentais e mensuráveis, e a Filosofia, de questões especulativas. Evidentemente, a alma e os pensamentos a respeito das coisas não eram mensuráveis.

Galileu não elaborou a questão da alma, mas sim René Descartes. Nas *Meditações metafísicas*, ele deu forma à distinção entre *res extensa* (matéria) e *res cogitans* (pensamento). A primeira tinha por propriedade essencial ser estendida espacialmente e, assim, era sujeita às leis da nova filosofia natural, também chamada filosofia mecânica; a segunda tinha por principal propriedade a capacidade de pensar, e de algum modo era livre das leis físicas. Diz Descartes no final das *Meditações*: "Minha alma, pela qual eu sou o que sou, é inteira e verdadeiramente distinta de meu corpo e ela pode ser ou existir sem ele" (DESCARTES, R. *Meditações. Discurso do método. Objeções e respostas. As paixões da alma*. Trad. B. Prado Jr. e J. Guinsburg. Prefácio e notas Gérard Lebrun. São Paulo: Nova Cultural, 1996, p. 326.

Col. "Os Pensadores"). Não obstante dizer que a alma está de tal modo confundida e misturada com o corpo, a ponto de compor com ele um único todo, as explicações posteriores de Descartes (como no texto *As paixões da alma*, no qual ele investiga a glândula pineal) não esclarecem totalmente a interação entre duas substâncias essencialmente diversas.

É esse dualismo mente-corpo que passa a ser afirmado a partir do século XVII, mas não no sentido da dualidade, como faziam os antigos. Agora, os corpos passavam a ser vistos como máquinas trabalhando conforme suas próprias leis e seguindo seu curso deterministicamente, a não ser que mentes interfiram em suas operações. Qualquer traço de alma estava descartado do estudo da Natureza, agora um corpo inanimado composto de quantidades de matéria. No caso do corpo humano, a glândula pineal teria a função de unir o corpo e a mente. Novamente, aparece a cisão entre o mundo material, sujeito à necessidade da Natureza, e o pensamento imaterial e responsável por intenções e escolhas. Desse modo, se diversas abordagens mecanicistas foram realizadas no âmbito da Natureza, a mente continuava a ser objeto de especulação de filósofos como o próprio Descartes, ou então David Hume (1711-1776) e Immanuel Kant (1724-1804), citando aqui três dos grandes filósofos da Modernidade. Aliás, Kant, na *Crítica da razão prática*, faz referência a isso ao dizer que duas coisas o enchiam de admiração e respeito: o céu estrelado sobre ele, que fazia parte do mundo natural perceptível pelos sentidos e que Newton explicara, e a lei moral em si próprio, independente do mundo sensível, que ele buscara sistematizar. Os campos da ciência natural e da ciência moral ainda estavam separados, cada qual com seus objetos, métodos e linguagens.

As ciências naturais, entretanto, avançavam; e no século XIX métodos da ciência moderna tomaram formas mais e mais precisas, seja quanto a experimentos, seja quanto a tratamentos matemáticos. Em meados do século XIX, Charles Darwin (1809-1882) publicou o livro *A origem das espécies*, no qual mostra que a variedade das espécies é fruto de seleção natural. Assim, Darwin punha em questão a ideia de um fim futuro invocado como determinante para uma forma ou processo presente. Os dentes não mais existiam para cortar e mastigar comida, mas haviam sido selecionados ao longo de extensos períodos de tempo por pressões seletivas diversas. Era a problematização da teleologia nas ciências que tratavam dos seres vivos. A consequência inevitável disso era pensar os seres humanos como um produto da evolução das espécies, o que implicava pensar a mente humana também como produto dela, além de perecível e mortal. No final do século XIX, o médico e histologista espanhol Santiago Ramon y Cajal (1852-1934) elaborou a teoria neuronal, iniciando a Neurologia como conhecemos hoje, e a psicologia experimental foi inaugurada por Wilhelm Wundt (1832-1920), Ernst Weber (1795-1878) e Gustav Fechner (1801-1887). O estudo da mente começava a ir além do campo da Filosofia.

Pouco a pouco, percebeu-se que apenas a introspecção cartesiana não bastava como método de investigação científica de fenômenos complexos como a consciência. Em outras palavras, desde Galileu diversos problemas filosóficos sucumbiram às ciências naturais (Astronomia, Física, as ciências dos seres vivos e, finalmente, a Psicologia); outros foram reformulados, a fim de ganhar rigor e clareza. Usando métodos refinados, auxiliados pelo avanço da computação das últimas décadas, os neurocientistas mostraram que é possível conceber o ser humano sem recorrer ao dualismo cartesiano. Hoje, são muitas as evidências empíricas de que os chamados estados mentais são condicionados por atividades bioquímicas. A biologia evolutiva passa a conceber o cérebro como produto da seleção natural. Usando termos do século XVII, os neurocientistas contemporâneos aplicam impiedosamente as leis da *res extensa* à *res cogitans*.

No século XX, no contexto da chamada filosofia continental, as principais questões estavam de um modo ou de outro ligadas à fenomenologia. Quanto às ciências naturais, não obstante sua importância em questões políticas e sociais, elas não raro eram objeto de severas críticas, especialmente por serem supostamente livres de valores e, assim, desenvolver-se esquecidas de qualquer valor humano. O contexto anglo-saxão tomava outro rumo, e os novos filósofos analíticos tratavam sobretudo de questões lógicas, matemáticas e de linguagem, em uma espécie de neoescolasticismo separado de questões amplas. Os filósofos da mente, por sua vez, pareciam pouco interessados em questões empíricas que a Neurologia proporcionava. Então, na década de 1960, o filósofo americano Willard van Orman Quine (1908-2000) propôs naturalizar a Epistemologia. Segundo Quine, o projeto de fundamentação das ciências proposto pela Epistemologia tradicional falhara, e agora a Epistemologia não seria mais uma disciplina *a priori*, mas manteria continuidade com as ciências. Precisamente, a Epistemologia seria uma parte da Psicologia, aberta a novos resultados de um modo ou de outro empíricos, ligados a progressos teóricos. As Neurociências não tardariam a aparecer, embora seu impacto filosófico ainda fosse discutido por um número reduzido de filósofos.

Tal qual a Terra em movimento ou a evolução das formas vivas, aquilo que se percebe não é mais aquilo que é. A Terra se move e as formas vivas não são fixas, embora não as vejamos assim. O mundo repleto de pessoas e sons, cheiros e cores, sensações e pensamentos é matéria em movimento. Segundo interpretações de neurocientistas contemporâneos, as cores que se veem simplesmente não existem: o amarelo da experiência cotidiana, por exemplo, é composto por ondas eletromagnéticas que têm seu comprimento de onda em torno de 590 milimícrons. Os corpos que nos parecem amarelos absorvem certos tipos de luz e refletem outros, no caso amarelas, e então eles são transformados no cérebro como sensações subjetivas de amarelo. Isso reflete adaptações evolutivas do cérebro humano à radiação do Sol, que aumentaram ao longo de milhões de anos as chances de sobrevivência de nossa espécie. Eis aqui um legado de Demócrito, sofisticado pela ciência de Galileu em diante ao dar prioridade explicativa aos átomos e ao vazio.

John Searle (1932-), no início de *Consciência e linguagem*, formula o impasse nas seguintes palavras: "Como obter uma explicação unificada e teoricamente satisfatória de nós mesmos e de nossas relações com os outros e com o mundo natural? Como conciliar a concepção de senso comum que temos de nós mesmos como agentes mentais conscientes, livres, racionais e capazes de realizar atos de fala, num mundo que acreditamos ser inteiramente composto de partículas físicas em campos de força, cuja natureza é bruta, inconsciente, amental, muda e sem significado?" (SEARLE, J. *Consciência e linguagem*. Trad. Plínio Junqueira Smith. São Paulo: WMF Martins Fontes, 2010, pp. ix-x). Em vista de entender esse impasse, vejamos isso em certo detalhe nas Neurociências.

2. Um pouco de Neurociência

Na década de 1960, Quine não tinha as Neurociências a seu dispor. Por isso, falava de Psicologia. Hoje, os neurocientistas dispõem de um conjunto de dados e teorias que Quine nem sequer pôde imaginar, e o campo cresce a cada dia. Façamos, agora, um breve esboço de como o cérebro, os neurônios e suas principais funções são descritos, de modo geral, em função de sua constituição física.

O sistema nervoso é a parte do corpo dos animais que coordena e integra impulsos sensórios entre as diferentes partes do corpo e produz comportamentos. É dividido em sistema nervoso periférico (SNP), que consiste nos nervos e gânglios, e sistema nervoso central (SNC), foco deste esboço. O cérebro é a principal parte do sistema nervoso, e está diretamente associado a funções como percepção e sensação, predição e entendimento da linguagem, entre outras. Sua superfície enrugada permite um aumento significativo do córtex cerebral, ou seja, do número de neurônios e suas conexões em relação ao volume cerebral. O cérebro pode ser dividido em dois hemisférios, e algumas de suas funções são específicas de um lado ou de outro. Chama-se a isso lateralização.

Divide-se também o cérebro em regiões. O lobo frontal é responsável por iniciar e controlar movimentos, por funções cognitivas superiores como resolução de problemas, pensamento e planejamento, e também diversos aspectos da personalidade e da conformação emocional de cada indivíduo. O lobo parietal responde por processamento de sensações, atenção e linguagem. O lobo occipital processa sobretudo informações visuais. O lobo temporal é responsável por processar sensações auditivas e integrar os sentidos, sendo também responsável pela formação de memórias de curta duração, em uma área chamada hipocampo, e por respostas emocionais, na amígdala. Essas partes pertencem ao chamado prosencéfalo, que também inclui os núcleos da base, o tálamo e o hipotálamo. Os núcleos da base coordenam movimentos musculares e recompensas a comportamentos com valor adaptativo. O tálamo distribui o processamento sensório primário para o córtex (com exceção do sistema olfatório). O hipotálamo controla apetites, comportamentos defensivos e reprodutivos e ciclos circadianos (ciclos controlados pelo relógio biológico do corpo), entre outras funções. O mesencéfalo consiste em duas estruturas chamadas colículos, que coordenam reflexos visuais e auditivos, distribuindo-os para o tálamo, e regulam processos em diversas partes do cérebro, inclusive de recompensa e ânimo, junto com o sistema mesolímbico, formado por área tegmental ventral e núcleo accumbens e substância cinzenta periaquedutal (a última, junto com o hipotálamo e a amígdala, associada a reações como medo e pânico). Por fim, o rombencéfalo inclui a ponte e o bulbo raquidiano, que controlam respiração, ritmos cardíacos e níveis de glicose no sangue. Outra parte do rombencéfalo é o cerebelo, que auxilia no controle de movimentos e processos cognitivos que requerem precisão temporal. A medula espinhal estende o cérebro através da coluna vertebral, recebendo sensações das partes do corpo abaixo da cabeça, e também processa atos reflexos.

Os principais elementos do sistema nervoso são células chamadas neurônios, que são auxiliadas por células gliais, que lhes dão sustentação e são ativas na transmissão de impulsos nervosos (gliotransmissão). As células gliais formam mielina, que envolve partes dos neurônios formando bainhas, como no caso dos nervos, e, junto com componentes vasculares, realizam a homeostase do tecido nervoso. Os neurônios são formados por um corpo celular, chamado soma, que pode assumir formas diversas. O corpo celular contém o núcleo e o citoplasma, no qual estão as organelas que respondem por funções como expressão gênica e metabolismo, assim como a constituição das membranas que os delimitam. Os neurônios possuem dois tipos de ramificações. Os dendritos são em número variável, podendo chegar a milhares por neurônio, e recebem impulsos elétricos de outros neurônios. Os axônios também são extensões do corpo celular que emitem impulsos elétricos para outros neurônios, e em geral existe apenas um para cada neurônio, embora se ramifiquem muitas vezes em sua parte terminal.

Os impulsos elétricos ocorrem através das membranas lipoproteicas dos neurônios. Formadas por lipídeos e proteínas, elas são permeadas por canais iônicos, alguns dos quais dependentes de voltagem, outros não. Esses canais são formados por proteínas e são seletivos a íons, átomos ou moléculas que ganham ou perdem elétrons, ou seja, carregados eletricamente. Dentro de cada neurônio, moléculas orgânicas são carregadas negativamente, e suas dimensões não permitem que passem através das membranas. Isso afeta a distribuição dos íons que podem atravessá-las, especialmente íons positivos, que tendem a ir para o interior da célula para equilibrar sua carga negativa. Esses íons são potássio, sódio e cálcio, sendo o potássio o mais comum por ser a membrana mais permeável a ele do que aos outros íons. Quando a célula está em repouso, o potássio tende a concentrar-se no interior da célula, e o sódio e o cálcio, no exterior. Quando a célula é estimulada elétrica ou quimicamente por outro neurônio, as membranas permitem a entrada de sódio e cálcio. A voltagem da membrana subitamente é alterada. Oscilações de voltagem também ocorrem devido a propriedades intrínsecas das membranas.

A troca de impulsos elétricos entre os neurônios ocorre nas sinapses, que são junções eletroquímicas entre os neurônios. As sinapses mais comuns são as sinapses químicas e ocorrem entre axônios e dendritos e entre axônios e corpos celulares dos neurônios. Os axônios fazem parte dos neurônios pré-sinápticos, tendo em seu final dilatações chamadas bulbos sinápticos. Após, está o espaço intersináptico, e então os espinhos dendríticos, os dendritos e o corpo do neurônio pós-sináptico. O impulso elétrico chega ao bulbo sináptico e desencadeia a abertura dos canais de cálcio, que, por sua vez, desencadeiam a abertura de vesículas contendo neurotransmissores, que entram no espaço intersináptico. Então, os neurotransmissores atravessam esse espaço e ligam-se a receptores específicos na membrana dos espinhos dendríticos do neurônio pós-sináptico, que abrem canais iônicos e, assim, permitem a entrada de íons carregados positivamente e produzem novo impulso elétrico. Um dos dois principais neurotransmissores é o aminoácido glutamato, sendo um neurotransmissor encontrado em neurônios excitatórios, isto é, que desencadeiam o impulso elétrico pós-sináptico. Os neurônios inibitórios, por sua vez, liberam o aminoácido gama-aminobutírico (GABA), que reduz a probabilidade de o potencial de ação ser produzido no neurônio pós-sináptico.

Milhares de impulsos podem chegar a um neurônio através de seus dendritos e de seu corpo celular, em períodos de tempo medidos em milissegundos, alterando potenciais de membrana. Isso se soma às oscilações intrínsecas da membrana, e então a porção terminal do corpo de que sai o axônio emite impulsos elétricos, ou seja, o movimento de íons eletricamente carregados, a saída de potássio e a entrada de sódio através do axônio. Chama-se isso potencial de ação, que corre através do axônio em direção a outros neurônios. Imediatamente, a membrana retoma sua voltagem inicial. Como cada neurônio recebe simultaneamente milhares de *inputs* excitatórios e inibitórios, a probabilidade de gerar um novo potencial de ação depende do balanço entre ambos a *inputs*. A transmissão de um impulso é, assim, elétrica, química e elétrica. Os neuromoduladores são neurotransmissores de ação lenta e, como seu nome sugere, modulam os processos sinápticos. As monoaminas são uma classe dos neurotransmissores, e incluem a serotonina e a dopamina, entre outras, que facilitam ou dificultam a ação de neurotransmissores como o glutamato e o GABA. Elas são produzidas em neurônios específicos do cérebro, especialmente no tronco cerebral, mas seus axônios ramificam-se pelo cérebro, fazendo seus efeitos serem amplos.

Os circuitos são grupos de neurônios unidos por sinapses. Os circuitos mais simples formam atos reflexos, como no caso do reflexo patelar. Nesse caso, estão em ação apenas neurônios aferentes e eferentes, e o reflexo não ultrapassa a medula espinhal. Na maior parte dos casos, estão em funcionamento interneurônios, que são os neurônios entre os neurônios aferentes e eferentes, que formam sistemas, que são conjuntos de circuitos arranjados hierarquicamente que efetuam funções específicas, como no caso de movimentos voluntários. O cérebro humano, de fato, é formado por bilhões de interneurônios, e cada neurônio está conectado a aproximadamente dez mil outros neurônios. Considerando que existem aproximadamente cem bilhões de neurônios (segundo Herculano e Lent, 86 bilhões) em um ser humano, o número de conexões é astronômico, e o número possível de estados de tal estrutura supera o número de partículas do universo conhecido. O padrão de conexão, ou o conectoma, resulta do conjunto de genes de cada pessoa e de suas experiências de vida.

Tendo observado isso, o neurocientista colombiano Rodolfo Llinás (1934-) descreve como o cérebro representa abstratamente a realidade – o mundo que ele recebe através dos sentidos, caso se queira dizer assim. Imagine-se um cubo de um material gelatinoso que conduz eletricidade, dentro de um aquário esférico de vidro. A superfície do aquário contém contatos elétricos que permitem que a eletricidade passe de um a outro através da gelatina. Se a eletricidade passa repetidamente através de dois contatos, ela condensa-se em filamentos; caso a eletricidade pare, ela volta a seu estado amorfo. Mas, se correntes elétricas são continuamente conectadas a um ou mais sistemas sensórios e a sistemas motores, isso causa a formação de filamentos e redes complexas que permitem que as sensações sejam traduzidas em movimentos, como no caso de aprender a jogar futebol. À medida que os *inputs* e os *outputs* ficam mais e mais complexos, mais complexa e densa fica a rede, que Llinás chama de "*complex connectivity matrix*" (matriz de conectividade complexa). Assim, olhando para o aquário, vê-se uma geometria de filamentos, na qual estão de algum modo as regras para jogar futebol, embora em uma geometria diferente da geometria do próprio futebol. Por meio de uma inspeção direta, não se entende que tal geometria representa tal coisa, no caso, movimentos que ocorrem ao jogar futebol. Em outras palavras, em relação ao futebol o sistema é isomórfico (pode recriar jogadas de futebol), mas não homomórfico (não tem a forma de jogadas de futebol). Completando o quadro, esse sistema funciona por meio de sistemas de recompensa, que liberam neurotransmissores e neuromoduladores que reforçam processos de aprendizado e de memória, que produzem comportamentos. Por exemplo, os núcleos da base liberam o neurotransmissor dopamina, que facilita o aprendizado de tarefas específicas e faz parte da consolidação de memórias. Em suma, o cérebro funciona por processamento paralelo e por reconhecimento de padrões, e assim faz predições a partir de correlações passadas.

Desse breve resumo surgem questões importantes. Primeiro, os neurônios respondem casualmente a impulsos eletroquímicos de outros neurônios. Isso quer dizer que as noções anteriormente expostas podem ser tratadas experimental e matematicamente, tornando um verdadeiro desafio explicar as noções clássicas de consciência, sentido e intenção (e mesmo levando alguns neurocientistas a simplesmente abandoná-las).

Segundo, os impulsos vêm de estímulos do ambiente, traduzidos em impulsos elétricos, e, principalmente, dos interneurônios. Isso quer dizer que a maior parte do processamento cerebral é intrínseca. Dos bilhões de neurônios que temos, apenas uma fração mínima é composta de neurônios eferentes e aferentes, de modo que os processos cerebrais são sobretudo "conversas" consigo mesmos. Em outras palavras, o cérebro não depende de estímulos contínuos para gerar percepções, mas apenas para modulá-las em seu contexto. Sem dúvida, o modo usual de o cérebro processar informações para produzir comportamento implica o corpo, mas o cérebro não precisa de um corpo em atuação para criar uma imagem sensório-motora do corpo, como mostram as pessoas que acidentalmente perderam membros e, ainda assim, relatam percebê-los vivamente, inclusive em situações de dor (alternativamente, quando os impulsos externos não chegam ao cérebro, como no caso de uma anestesia, a dor simplesmente não existe, ao menos como evento cerebral). Isso sugere que as experiências em grande parte ocorrem no cérebro de quem as percebe, como no caso da luz amarela mencionado.

Voltamos à bravata de Francis Crick: "Você é nada mais do que um monte de neurônios." Mas, se se costumava conceber o ser humano como mais do que apenas matéria, estamos agora diante de um impasse.

3. Impasse

O impasse é sério e o campo de modo algum é pacífico. Falamos de impasse porque estamos diante de duas interpretações diferentes da vida cerebral humana: o "naturalismo" e o "antinaturalismo", alternativamente chamadas de "mentalismo" e "fisicalismo".

Os "naturalistas" não se ocupam mais em esclarecer conceitos; para eles, conhecer depende das configurações de neurônios que cada pessoa tem em seu cérebro em dado intervalo de tempo. Conhecer o conhecer implica conhecer essas configurações. Essa visão é defendida há quase três décadas por Patricia Smith Churchland (1943-), cujo livro *Neurophilosophy* é um divisor de águas no assunto.

Smith Churchland propõe uma Epistemologia na época das Neurociências. Ela recusa concepções tradicionais, por exemplo, as que recorrem a fundamentos absolutos do conhecimento ou conhecimentos *a priori*, e nega que o conhecimento seja sentencial e possível de análises semânticas e lógicas. Ela propõe que noções como "conhecimento" e "crença", "significado" e "verdade", ou ainda "racionalidade", "explicação" e "aprendizado" sejam revisadas e refeitas. A pergunta central de Churchland seria: como, situado em sua configuração corporal, circundado por um ambiente físico e dentro de um contexto social, o cérebro funciona?

Churchland adota o conexionismo, que propõe descrever as funções cognitivas humanas como conexões de redes neurais, modelos simplificados do cérebro compostos por (a) unidades análogas a neurônios, (b) conexões entre as unidades, e (c) medições do grau de conexão entre as unidades, que afetam as conexões entre as unidades. Alguns modelos mostram capacidade de aprendizados simples, como reconhecimento facial e leitura, além de detecção de estruturas gramaticais simples. O tratamento é computacional, mas o modelo evita processamento serial. O processamento, de fato, é paralelo, emulando padrões de conexões entre neurônios.

Paralelamente, Paul Churchland (1942-) propõe o eliminativismo materialista, segundo o qual o entendimento comum das funções cerebrais é incorreto. Tal como a ciência moderna alterou profundamente os paradigmas anteriores de explicação, Churchland propõe que as Neurociências cedo ou tarde eliminarão conceitos como "crenças", "sentimentos" e "consciência", pois não terão mais correspondência com fenômenos tratados experimental e matematicamente. Eles serão reduzidos a padrões de atividade neuronal.

Filósofos como Daniel Dennett (1942-) propõem que a Filosofia seja uma espécie de serva das ciências, que agora aceita as descobertas das ciências para mostrar a progressiva relevância das ciências sobre as especulações da filosofia tradicional. Dennett visa à elaboração de teorias, agora tendo por fundo as ciências naturais.

Mas outros filósofos recusam a postura naturalista, inclusive no mundo anglo-saxão. Um dos principais argumentos trata da autonomia da Psicologia em relação às Neurociências, proposta por Jerry Fodor (1935-). Ele não nega as teorias da Neurociência, mas argumenta que elas são irrelevantes para tratar de questões da psicologia cognitiva e questões semânticas. Usando a metáfora de um computador, cognição diria respeito às operações de um programa de computador, ou seja, o *software*, e o cérebro diria respeito ao *hardware*. Assim, seria infrutífero estudar o cérebro para entender cognição. Em outras palavras, a análise semântica não é reduzível às teorias neurocientíficas.

Usando argumentos diversos, um dos mais conhecidos expoentes contra a visão naturalista é Thomas Nagel (1937-), autor de um recente livro que ataca a visão reducionista da ciência moderna, chamado *Mind and Cosmos*. Ele argumenta que o fisicalismo explica um mundo em que não vivemos (o fisicalismo defende que o modo de operar da Física e a linguagem da Física devem ser o modo de operar e a linguagem de toda a ciência). Para Nagel, o problema está na base da ciência moderna, uma ciência que por princípio elimina noções como "valor", "perfeição", "sentido" ou "finalidade".

Sob um ponto de vista amplo, o impasse é entre concepções de Ciência e Filosofia, ou entre disciplinas e linguagens, iniciado pela ciência de Galileu. A tarefa à frente não é simples, longe disso. Se por parte dos filósofos o campo é conflituoso, por parte dos neurocientistas o conhecimento a respeito do cérebro parece estar ainda em seu início. Os dados e teorias a respeito do cérebro avançam a cada dia, e os neurocientistas conhecem o cérebro em suas linhas gerais. Entretanto, a complexidade é imensa. Para se ter uma ideia disso, o Human Brain Project (Projeto Cérebro Humano), coordenado por Henry Markram (1962-), há pouco mais de dois anos fez uma simulação de uma coluna cortical, composta por 10 mil neurônios. Para isso, a IBM construiu um computador do tamanho de uma geladeira, equivalente a 10 mil *laptops* de alta performance. Agora, faltam quase 100 bilhões de neurônios para Markram e sua equipe mapear e simular. Considerando a importância de teorias amplas para dar conta de um volume imenso de dados, talvez aqui o trabalho especulativo tenha lugar, e se possa pensar uma "Neurofilosofia" de modo cada vez mais preciso.

Inspirado por Quine, o neurocientista Gerald Edelman (1929-) propõe uma "*brain-based epistemology*" (Epistemologia baseada no cérebro), ou seja, a aplicação de conceitos obtidos no âmbito da Neurociência em questões tradicionalmente filosóficas. Edelman também discute questões não tratadas pela Epistemologia tradicional, também discutidas por António Damásio (1944-), para quem a razão não é distinta ontologicamente do corpo, sendo formada efetivamente por disposições representacionais, e Joseph LeDoux (1949-), que enfatiza as emoções, diretamente relacionadas à memória e ao aprendizado. Diversos outros neurocientistas têm enfrentado questões até pouco tempo consideradas exclusivamente filosóficas, como Francis Crick (1916-2004) e Christof Koch (1956-) a respeito da consciência, além das questões do livre-arbítrio estudadas por Benjamin Libet (1916-2007) e Paul Glimcher (1961-).

O neurocientista William Calvin (1939-) fala de competição entre padrões neuronais, e nesse sentido processos decisórios talvez sejam apenas atos reflexos dilatados, que ocorrem entre milhões de interneurônios. Patricia Churchland propõe uma biologia do autocontrole, conceito que se pode aplicar em estudos empíricos de animais que talvez possam ser pensados em termos humanos. Além de uma nova Epistemologia, as Neurociências exigem uma nova ética.

Paralelamente, pode-se pensar numa filosofia da neurociência, no sentido de uma disciplina que visa esclarecer questões conceituais usadas pelas Neurociências, tarefa também especulativa. Para evitar reducionismos extremos e encontrar sentidos nas Neurociências, talvez a tarefa seja buscar termos intermediários, para que ambas façam sentido uma para a outra. Por exemplo, é comum que se fale que os neurônios se comunicam ou trocam informações. Em seus usos cotidianos, ambas sugerem diretamente o mundo humano. De fato, existem impulsos elétricos que atravessam membranas. Em algum ponto, as tempestades elétricas do cérebro passam a ser chamadas de informação, e talvez aqui esteja a questão a investigar. Trata-se de explicitar, interrogar e esclarecer zonas ainda nebulosas, das quais talvez surjam questões epistemológicas e éticas renovadas, agora diretamente relacionadas à Neurociência cognitiva.

4. Conclusão

Hoje, conhecer como se conhece, questão central da filosofia moderna, não faz mais sentido se não fizer referência ao cérebro. Conhecer a linguagem, questão central da filosofia contemporânea, também não. Entretanto, alguns pensadores propõem que, em vez de se falar de "mente", "conceito" e "mundo", como John McDowell (1942-), agora se fale de cérebro, corpo e ambiente, como Gerald Edelman. A mudança é radical; há muita reação contrária entre os próprios cientistas. Não é à toa que existam resistências também por parte dos filósofos.

A ciência moderna é relativamente nova (se comparada com a idade da Humanidade); ela tem pouco mais de quatro séculos. A Neurologia é ainda mais nova; e as Neurociências, novíssimas. Para pensar isso, basta recordar a caverna de Shanidar, cujos sepulcros datam de 65 mil e 35 mil anos. Desses sepulcros, podemos inferir que os Neandertais já tinham crenças sobrenaturais. No caso do homem moderno, vestígios inequívocos de pensamento simbólico datam de 40 mil anos atrás, embora evidências recentes sugiram recuar essa data. A ciência moderna e suas ramificações recentes colocam em questão concepções tacitamente aceitas a respeito de nós mesmos e arraigadas em nossos hábitos e crenças ao longo de milênios. A dificuldade reside no fato de que as ciências requerem uma posição intelectual distinta da do senso comum.

Sob o ponto de vista cotidiano, talvez não faça diferença pensar que o Sol esteja parado ou em movimento, assim como talvez não faça diferença saber se somos ou não descendentes de hominídeos africanos. Entretanto, talvez estejamos em uma época tal qual as épocas de Copérnico e de Darwin, que mudaram não apenas suas disciplinas específicas, mas iniciaram mudanças amplas na cultura de que faziam parte. Se Nicolau Copérnico parece assimilado em nossa cultura, Charles Darwin ainda causa debates acalorados, pois não promete uma alma imperecível e imortal. Agora, as questões colocadas pelas Neurociências parecem mais profundas, ou ao menos mais diretamente relacionadas às atitudes individuais de cada um. Além disso, a progressiva naturalização do pensamento implica mudanças em nossos sistemas jurídicos e instituições, baseados nas noções clássicas de livre-arbítrio e liberdade.

Diante da possibilidade de reelaboração de noções clássicas, o campo da Filosofia parece ficar progressivamente mais vasto. Novas disciplinas, como a Neuroetologia, a Neuroantropologia e a Neuroestética, entre outras, abrem novos campos de investigação científicos e filosóficos. A busca da Filosofia, desde Sócrates, é por autoconhecimento. Copérnico pensou o lugar do homem no cosmos, e Darwin, na esfera da vida. Agora, trata-se do homem conhecendo a si próprio de um modo até pouco tempo inimaginável.

Vivemos numa época que requer abertura de horizontes. A ideia não é nova. Aristóteles começa a *Metafísica* falando a respeito de sensações e memórias, e sua teoria da ciência tem isso por base. Como ele também diz, filosofa-se a partir da admiração surgida quando se presta atenção no modo de ser das coisas. Hoje, é espantoso pensar que uma porção de matéria cinzenta sinta e pense, imagine e ame, e então produza filosofias e obras de arte, por exemplo, ou ainda seja capaz de pensar a respeito de si própria.

O homem se surpreende com a incomensurabilidade da diagonal, mas, se é preciso, como Aristóteles diz, terminar no estado oposto e melhor, para o homem que sabe Geometria nada poderia causar mais espanto do que a diagonal tornar-se comensurável. Disso, surgiam novas questões e impasses, e assim a Geometria grega foi levada adiante. Agora, diante de um órgão excepcionalmente complexo como o cérebro, certas questões não mais surpreendem, mas o caminho a percorrer é tão vasto que fará a surpresa do geômetra parecer pequena, embora ela esteja na origem da Filosofia.

OUVINDO OS TEXTOS

Texto 1. Galileu Galilei (1564-1642), *Do calor e da separação entre qualidades primárias e secundárias*

Portanto, afirmo estar bem em condição de sair deste aperto, concebendo uma matéria ou substância corpórea, como termo e aspecto daquela outra substância, grande ou pequena em relação a outras, colocada naquele ou neste lugar, naquele ou neste tempo, movimento ou parada, em contato ou não com outro corpo, como sendo única ou poucas ou muitas, nem posso imaginá-la de forma alguma separada destas condições; porém não consigo, mesmo esforçando-me, imaginá-la branca ou vermelha, amarga ou doce, sonora ou muda, perfumada ou não, considerando-a possuidora destas características: pelo contrário, se não possuíssemos os sentidos para nos ajudar, o raciocínio ou a imaginação não chegariam nunca a alguma conclusão. Assim, eu considero que estes cheiros, cores e sabores, etc., em relação ao sujeito onde nos parece residir, não são outra coisa que puros nomes, mas residem em vez no corpo sensitivo, porque se tiramos a animação todas as outras qualidades anulam-se completamente; havendo nós imposto a ele nomes característicos e diferentes dos outros acidentes, acidentes primários e reais, é como se quiséssemos acreditar que estas qualidades sejam verdadeira e realmente diversas das outras. Eu acredito que poderei explicar, com algum exemplo, muito mais claramente este meu conceito. Eu estou, neste momento, movimentando uma mão sobre uma estátua de mármore, e agora sobre um homem vivo. No que diz respeito à ação da mão, em relação à mão, ela é a mesma seja sobre um seja sobre outro objeto, que é daqueles acidentes primários, isto é, movimento e contato, nem lhe atribuímos outros nomes: porém o corpo animado, que recebe estas operações, recebe sensações diversas, conforme as partes que estão sendo tocadas. Por exemplo, mexendo embaixo da sola dos pés, sobre os joelhos ou embaixo das axilas, sente-se, além do contato comum, uma outra sensação, para a qual pusemos o nome particular de cócega, cuja sensação é inteiramente nossa e não da mão em absoluto; e parece-me que seria um grande erro afirmar que a mão, além do movimento e do contato, possa possuir outra faculdade diversa desta, isto é, fazer cócega como se a cócega fosse um acidente que residisse na mão. Um pedaço de papel ou uma caneta, esfregado levemente sobre qualquer parte de nosso corpo, em relação a esta ação, faz a mesma coisa, isto é, movimento e contato; porém em nós mesmos, se o contato se verifica entre os olhos, nas narinas, excita uma cócega quase intolerável, enquanto nas outras partes do corpo quase não se sente. Esta cócega é contida em nosso corpo e não na caneta, e, removendo o corpo animado e sensível, ela não é outra coisa que puro nome. Agora, de semelhante e não maior existência acredito que possa haver muitas outras qualidades que são atribuídas a corpos naturais, como sabores, cheiros, cores e outras.

GALILEI, G. *O ensaiador*. Trad. Helda Barraco. São Paulo: Nova Cultural, 1987, pp. 119-20.

Texto 2. Galileu Galilei (1564-1642), *Da separação entre qualidades primárias e secundárias*

Um corpo sólido é, como dizemos, bem material, movimentado e aplicado sobre uma parte qualquer de minha pessoa, produz em mim aquela sensação que nós chamamos tato, que, mesmo ocupando todo nosso corpo, parece residir principalmente nas palmas das mãos, e especialmente nas pontas dos dedos, por meio dos quais percebemos as pequenas diferenças de áspero, liso, mole, duro, quando, com outras partes do corpo, não conseguimos distingui-las tão bem. Destas sensações, algumas nos são mais gratas, outras menos, segundo a diversidade das figuras dos corpos tangíveis, lisas ou ásperas, agudas ou obtusas, duras ou moles, e neste sentido, sendo mais material do que outros, sendo originado pela solidez da matéria, está em relação à constituição interna da Terra. E, sendo que alguns desses corpos separam-se continuamente em pequenas partes, umas delas, mais graves do que o ar, descem, e outras, mais leves, sobem; e pode ser que nasçam daqui outros dois sentidos, enquanto aquelas ferem duas partes do nosso corpo muito mais sensíveis do que nossa pele, que não sente contato com matérias muito sutis, ralas e moles: e aqueles pequenos corpos que descem, recebidos sobre a parte superior da língua, penetrando, misturados com sua umidade, com sua substância, geram sabores, agradáveis ou não, segundo a diversidade dos contatos das várias figuras destas pequenas partes, e conforme sejam poucos ou muitos, mais ou menos rápidos; os outros, que sobem entrando pelo nariz, ferem aquelas pequenas membranas que são o instrumento do olfato, e aqui são recebidos, da mesma forma, seus contatos e passagens, de nosso agrado ou não, conforme as figuras deles sejam de um modo ou de outro, e os movimentos lentos ou rápidos, e estes ínfimos, poucos ou muitos. E resultam ser muito bem colocados em relação ao lugar, à língua e às narinas: a língua estendida, embaixo, para receber aquilo que desce, e as narinas, colocadas de forma a receber o que sobe: pode ser que sejam aptos a excitar os sabores, por uma certa analogia, os fluidos que descem por meio do ar, os perfumes e os elementos quentes que sobem. Resta ainda o elemento aéreo dos sons, os quais chegam a nós indiferentemente, de baixo, do alto, de lado, estando nós colocados no ar, cujo movimento em sua região verifica-se em todas as direções; e o ouvido é colocado o mais possível em posição apta a receber tudo; e os sons, então, são produzidos e escutados por nós quando (sem outras qualidades sonoras e transonoras) um tremor frequente do ar encrespado com ondas muito pequenas movimenta a membrana de um certo tímpano, existente em nosso ouvido. Depois as maneiras externas, aptas a produzir este encrespar do ar, são muitas; talvez sejam reduzidas em grande parte ao tremor de algum corpo que se chocando no ar produz encrespamento, e através do ar, com grande velocidade, procedem as ondas, cuja frequência origina a agudez do som e a sua gravidade. Mas que nos corpos externos, para excitar em nós os sabores, os cheiros e os sons, seja necessário mãos que as grandezas, figuras e multiplicidade de movimentos vagarosos ou rápidos, eu não acredito; acho que, tirando os ouvidos, as línguas e os narizes, permanecem os números, as figuras e os movimentos, mas não os cheiros, nem os sabores, nem os sons, que, fora do animal vivente, acredito que sejam só nomes, como nada mais é que nome a cócega, tiradas as axilas e a pele ao redor do nariz. E, da mesma forma que os quatro sentidos são relacionados aos quatro elementos, assim acredito que a propósito da vista, sentido mais importante de todos, a relação verifica-se com a luz, mas com aquela proporção de primazia que existe entre o finito e o infinito, o temporal e o instantâneo, o quanto e o indivisível, a luz e as trevas. Dessas sensações e das coisas relativas a elas eu não pretendo estender muito, e para explicar aquele pouco que entendo, ou melhor, para colocá-lo por escrito, não seria necessário muito tempo, por isso passo por cima.

> GALILEI, G. *O ensaiador*. Trad. Helda Barraco.
> São Paulo: Nova Cultural, 1987, pp. 120-1.

Texto 3. René Descartes (1596-1650), *De máquinas e homens*

Todas essas coisas eu explicara com bastante minúcia no tratado que tivera a intenção de publicar. E, a seguir, mostrara qual deve ser a constituição dos nervos [e] dos músculos do corpo humano para fazer com que os espíritos animais neles contidos tenham força para mover os seus membros, assim como se vê que as cabeças, pouco depois de serem cortadas, ainda se mexem e mordem a terra, apesar de já não serem animadas; que mudanças devem ocorrer no cérebro para causar a vigília, o sono e os sonhos; como a luz, os sons, os odores, os sabores, o calor e todas as outras qualidades dos objetos exteriores podem imprimir nele diversas ideias por intermédio dos sentidos; como a fome, a sede e as outras paixões interiores também podem enviar-lhe as suas; o que nele pode ser aprendido pelo senso comum, onde essas ideias são recebidas; pela memória que as conserva, e pela fantasia que as pode transformar de várias maneiras ou com elas compor novas, e pode, pelo mesmo processo, distribuindo os espíritos animais nos músculos, fazer os membros desse corpo moverem--se de tantas maneiras diferentes, em relação tanto aos objetos que se apresentam a seus sentidos quanto às paixões interiores que nele existem, como os nossos se podem mover sem que a vontade os conduza. O que não parecerá de modo algum estranho aos que, sabendo quantos *autômatos* diferentes, ou máquinas que se movem, o engenho dos homens pode fazer só empregando poucas peças, em comparação com a grande quantidade de ossos, músculos, nervos, artérias, veias, e todas as demais partes que há no corpo de cada animal, considerarão esse corpo como uma máquina que, feita pelas mãos de Deus, é incomparavelmente mais ordenada e tem em si movimentos mais admiráveis que qualquer uma das que podem ser inventadas pelo homem. E detivera-me particularmente neste ponto mostrando que, se houvesse máquinas assim que tivessem os órgãos e o aspecto de um macaco ou de qualquer outro animal sem razão, não teríamos nenhum meio de reconhecer que elas não seriam, em tudo, da mesma natureza desses animais; ao passo que, se houvesse algumas que se assemelhassem a nossos corpos e imitassem as nossas ações tanto quanto moralmente é possível, teríamos sempre dois meios muito certos para reconhecer que, mesmo assim, não seriam homens verdadeiros. O primeiro é que nunca poderiam servir-se de palavras nem de outros sinais, combinando-os como fazemos para declarar aos outros nossos pensamentos. Pois pode-se conceber que uma máquina seja feita de tal modo que profira palavras, e até profira algumas a propósito das ações corporais que causem alguma mudança em seus órgãos, como por exemplo ela perguntar o que lhe queremos dizer se lhe tocarmos em algum lugar, se em outro, gritar que a machucamos, e outras coisas semelhantes, mas não é possível conceber que as combine de outro modo para responder ao sentido de tudo quanto dissermos em sua presença, como os homens mais embrutecidos podem fazer. E o segundo é que, embora fizessem várias coisas tão bem ou talvez melhor do que alguns de nós, essas máquinas falhariam necessariamente em outras, pelas quais se descobriria que não agiam por conhecimento, mas somente pela disposição de seus órgãos. Pois, enquanto a razão é um instrumento universal, que pode servir em todas as circunstâncias, esses órgãos necessitam de alguma disposição particular para cada ação particular; daí ser moralmente impossível que haja numa máquina a diversidade suficiente de órgãos para fazê-la agir em todas as ocorrências da vida da mesma maneira que nossa razão nos faz agir. [...] Depois disso, eu descrevera a alma racional, e mostrara que ela não pode de algum modo ser tirada do poder da matéria, como as outras coisas de que falara, mas que deve ser expressamente criada; e que não basta estar alojada no corpo humano, como um piloto em seu navio, a não ser, talvez, para mover seus membros; mas que precisa estar mais estreitamente ligada e unida a ele, para ter, além disso, sentimentos e apetites semelhantes aos nossos, e assim constituir um verdadeiro homem. Aliás, neste ponto prolonguei-me um pouco sobre o tema da alma, por ser ele dos mais importantes, pois, depois do erro dos que negam Deus, o qual penso já ter suficientemente refutado, não há outro que afaste mais os espíritos fracos do caminho reto da virtude do que imaginar que a alma dos animais seja da mesma natureza da nossa, e que, por conseguinte, nada temos a temer nem a esperar depois desta vida, como ocorre com as moscas e as formigas; ao passo que, quando se sabe o quanto elas diferem, compreendem-se muito melhor as razões que provam que a nossa é de uma natureza inteiramente independente do corpo e que, por conseguinte, não está sujeita a morrer com ele; depois por não vermos outras causas que a destruam, somos naturalmente levados a julgar que ela é imortal.

> DESCARTES, R. *Discurso do método.*
> Trad. Maria Ermantina Galvão. São Paulo:
> Martins Fontes, 2011, pp. 92-4 e 98.

Texto 4. René Descartes (1596-1650), *Da separação entre mente e corpo*

Art. 2. Que para conhecer as paixões da alma cumpre distinguir entre suas funções e as do corpo.

Depois, também considero que não notamos que haja algum sujeito que atue mais imediatamente contra nossa alma do que o corpo ao qual está unida, e que, por conseguinte, devemos pensar que aquilo que nela é uma paixão é comumente nele uma ação; de modo que não existe melhor caminho para chegar ao conhecimento de nossas paixões do que examinar a diferença que há entre a alma e o corpo, a fim de saber a qual dos dois se deve atribuir cada uma das funções existentes em nós.

Art. 3. Que regra se deve seguir para esse efeito.

E nisso não se encontrará grande dificuldade, se se tomar em conta que tudo o que sentimos existir em nós, e que vemos existir também nos corpos inteiramente inanimados, só deve ser atribuído a nosso corpo; e ao contrário, que tudo o que existe em nós, e que não concebemos de como algum como passível de pertencer a um corpo, deve ser atribuído à nossa alma.

DESCARTES, R. *As paixões da alma*. Trad. J. Guinsburg e B. Prado Jr. São Paulo: Abril, 1973, pp. 227-8.

Texto 5. Henri Bergson (1849-1951), *Ainda a alma, ou o eu, ou o espírito*

Um exame atento da vida do espírito e de seu acompanhamento fisiológico me leva a crer que o senso comum tem razão, e que há infinitamente mais, numa consciência humana, do que no cérebro correspondente. Eis, *grosso modo*, a conclusão a que chego. Quem pudesse observar o interior de um cérebro em plena atividade, e seguir o vaivém dos átomos, a interpretar tudo o que eles fazem, saberia sem dúvida alguma coisa do que se passa no espírito, mas saberia pouca coisa.

Conheceria justamente o que é exprimível em gestos, atitudes e movimentos do corpo, o que o estado de alma contém de ação em vias de realização ou simplesmente ação, mas o restante lhe escaparia. Ele estaria, diante dos pensamentos e dos sentimentos que se desenrolam no interior da consciência, na situação do espectador que vê distintamente tudo o que os atores fazem em cena, mas não ouve uma palavra do que dizem. Sem dúvida, o vaivém dos atores, seus gestos e suas atitudes têm sua razão de ser na peça que interpretam; e se conhecêssemos o texto, poderíamos quase prever o gesto; mas a recíproca não é verdadeira, e o conhecimento dos gestos apenas nos informa muito pouco sobre a peça, porque há muito mais, numa fina comédia, do que os movimentos pelos quais a escandimos. Assim, creio que se nossa ciência do mecanismo cerebral fosse perfeita, e perfeita também nossa psicologia, poderíamos adivinhar o que se passa no cérebro através de um estado de alma determinado; mas a operação inversa seria impossível, pois, para um mesmo estado do cérebro, teríamos de escolher entre uma multidão de estados de alma igualmente apropriados. Não digo, notem bem, que um estado de alma *qualquer* poderia corresponder a um dado estado cerebral: numa moldura, não se pode colocar qualquer quadro: a moldura determina alguma coisa do quadro, eliminando antecipadamente todos aqueles que não possuem a mesma forma e a mesma dimensão; mas, satisfeitas as condições de forma e dimensão, o quadro caberá na moldura. Da mesma forma em relação ao cérebro e à consciência. Contanto que as ações relativamente simples – gestos, atitudes, movimentos – nas quais se degradaria um estado de alma complexo sejam justamente as que o cérebro prepara, o estado mental se inserirá exatamente no estado cerebral; mas há uma grande quantidade de quadros diferentes que caberiam muito bem na moldura; e, consequentemente, o cérebro não determina o pensamento; e, consequentemente, o pensamento, ao menos em larga medida, é independente do cérebro. [...] Quando pensamos, é raro que não falemos conosco mesmos; esquematizamos ou preparamos, se não os executamos efetivamente, os movimentos de articulação pelos quais se exprimiria nosso pensamento; e qualquer coisa deve desenhar-se já no cérebro. Mas não se limita a isso, cremos, o mecanismo cerebral do pensamento: por trás dos movimentos interiores de articulação, que aliás não são indispensáveis, há qualquer coisa de mais sutil, que é essencial. Falo dos movimentos nascentes que indicam simbolicamente todas as direções sucessivas do espírito. Notemos que o pensamento real, concreto, vivo, é coisa de que os psicólogos têm falado muito pouco até aqui, porque ele dificilmente se presta à observação interior. O que se estuda ordinariamente sob esse nome é menos o pensamento em si mesmo do que uma imitação artificial obtida pela composição de imagens e ideias. Mas com imagens, e mesmo com ideias, não reconstituiremos o pensamento, da mesma forma que não constituiremos o movimento com um conjunto de posições. A ideia é uma imobilização do pensamento; ela nasce quando o pensamento, em vez de continuar seu caminho, faz uma pausa e volta-se sobre si mesmo. [...] O cérebro não é, pois, falando propriamente, órgão do pensamento, ou de sentimento, ou de consciência; mas ele faz com que consciência, sentimento e pensamento permaneçam tensos em relação à vida real e, consequentemente, capazes de ação eficaz. Digamos, se quiserem, que o cérebro é o órgão de *atenção à vida*.

BERGSON, H. "A alma e o corpo". In: *Conferências*. Trad. Franklin Leopoldo e Silva. São Paulo: Abril Cultural, 1989, pp. 204-5; 209-10; 212.

Texto 6. Henri Bergson (1849-1951), *Consciência e cérebro*

Costuma-se dizer às vezes: "Em nós, a consciência está ligada a um cérebro; por isso, é preciso atribuir a consciência aos seres vivos que possuem um cérebro, e recusá-la aos outros." Mas percebe-se imediatamente o vício dessa argumentação. Raciocinando da mesma maneira, diríamos também: "A digestão está ligada em nós a um estômago; por isso, os seres vivos que possuem estômago digerem; os outros não digerem." Ora, nos enganaríamos gravemente, pois não é necessário possuir estômago, nem mesmo órgãos, para digerir; uma ameba digere, embora seja uma massa protoplasmática apenas diferenciada. Somente que, na medida em que o corpo vivo se complica e se aperfeiçoa, o trabalho se divide; funções diversas são assinaladas a órgãos diferentes; e a faculdade de digerir se localiza no estômago e mais geralmente num aparelho digestivo que cumpre melhor a função, uma vez que é só o que tem a fazer. Da mesma forma, a consciência está, no homem, incontestavelmente ligada ao cérebro: mas não se segue daí que um cérebro seja indispensável à consciência. Quanto mais descemos na série animal, mais os centros nervosos se simplificam e se separam uns dos outros; finalmente, os elementos nervosos desaparecem, confundidos na massa de um organismo menos diferenciado; não devemos supor que, se no topo da escala dos seres vivos, a consciência se fixava em centros nervosos muito complicados, ela acompanha o sistema nervoso ao longo desse descenso, e que, quando a substância nervosa enfim se funde numa matéria viva ainda indiferenciada, a própria consciência aí se espalha, difusa e confusa, reduzida a pouca coisa, mas não reduzida a nada? Então, a rigor, tudo o que é vivo poderia ser consciente: em princípio, a consciência é coextensiva à vida.

BERGSON, H. "A consciência e a vida". In: *Conferências*. Trad. Franklin Leopoldo e Silva. São Paulo: Abril Cultural, 1989, p. 192.

Texto 7. Henri Bergson (1849-1951), *A vida mental não é só um aspecto da vida cerebral*

Isto, que ultrapassa o corpo por todos os lados e que cria atos ao se criar continuamente a si mesmo, é o "eu", a "alma", é o espírito – o espírito sendo precisamente uma força que pode tirar de si mesma mais do que contém, devolver mais do que recebe, dar mais do que possui. Eis o que cremos ver. Tal é a aparência. Dizem-nos: "Muito bem, mas isto é apenas uma aparência. Olhemos mais de perto. E ouçamos a ciência. Primeiramente reconheceremos que esta 'alma' jamais opera sem um corpo. Seu corpo a acompanha desde o nascimento até a morte e, supondo-se que ela seja realmente distinta do corpo, tudo se passa como se ela estivesse realmente ligada a ele inseparavelmente. Nossa consciência se esvai se respiramos clorofórmio; exalta-se se bebemos álcool ou café" (...). Muito naturalmente, o cientista se diz: "Já que a filosofia não solicita que eu, com o apoio de fatos e razões, limite de tal ou tal maneira determinada, em tais e tais pontos determinados, a suposta correspondência entre o mental e o cerebral, agirei provisoriamente como se a correspondência fosse perfeita e como se houvesse equivalência ou mesmo identidade. Eu, fisiologista, com os meios de que disponho – observação e experimentação puramente exteriores –, apenas vejo o cérebro e apenas posso apreender o cérebro; vou então proceder *como se* o pensamento não fosse mais do que uma função do cérebro;

assim, avançarei com mais audácia, terei mais chances de chegar mais longe. Quando não conhecemos os limites de nosso direito, supomo-lo primeiramente sem limites; sempre haverá tempo para voltar atrás se for o caso." Eis o que diz o cientista; ele poderia contentar-se com isso se pudesse passar sem a filosofia. Mas não se pode passar sem a filosofia; e, esperando que os filósofos lhe fornecessem a teoria maleável, modelável sobre a dupla experiência do interior e do exterior, que a ciência necessitava, era natural que o cientista aceitasse, das mãos da antiga metafísica, a doutrina completamente pronta, construída com todas as peças, que melhor concordasse com o método que ele tinha julgado vantajoso seguir. Aliás, ele não tinha escolha. A única hipótese precisa que a metafísica dos três últimos séculos nos legou sobre esse ponto é justamente a de um paralelismo rigoroso entre a alma e o corpo, a alma exprimindo certos estados do corpo, ou o corpo exprimindo a alma, ou corpo e alma sendo duas traduções, em línguas diferentes, de um original que não seria nem um nem outro: nos três casos, o cerebral equivaleria exatamente ao mental. Como a filosofia do século XVII foi conduzida a essa hipótese? Certamente não foi pela anatomia e fisiologia do cérebro, ciências que mal existiam; também não foi pelo estudo da estrutura, das funções e das lesões do espírito. Não, essa hipótese foi naturalmente deduzida dos princípios gerais de uma metafísica que era concebida, ao menos em grande parte, para dar corpo às esperanças da física moderna. As descobertas que se seguiram ao Renascimento – principalmente as de Kepler e Galileu – haviam revelado a possibilidade de reduzir os problemas astronômicos e físicos a problemas de mecânica. Daí derivou a ideia geral de se representar a totalidade do universo material, inorganizado e organizado, como uma imensa máquina, submetida às leis matemáticas. A partir disso, os corpos vivos em geral, o corpo do homem em particular, deveriam se encadear na máquina como engrenagens num mecanismo de relógio; nada se poderia fazer que não fosse determinado antecipadamente, matematicamente calculado. A alma humana tornava-se, assim, incapaz de criar; era preciso, se ela existia, que seus estados sucessivos se limitassem a traduzir em linguagem de pensamento e sentimento as mesmas coisas que seu corpo exprimia em extensão e em movimento. É bem verdade que Descartes não ia tão longe: com o sentido da realidade que ele possuía, ele preferia, a despeito do rigor da doutrina, deixar algum lugar para a vontade livre. E se com Espinosa e Leibniz essa restrição desaparece, varrida pela lógica do sistema, se esses dois filósofos formularam em todo o seu rigor a hipótese de um paralelismo constante entre os estados do corpo e os da alma, ao menos se abstiveram de fazer da alma um simples reflexo do corpo; teriam dito que o corpo era um reflexo da alma. Mas eles prepararam o caminho de um cartesianismo diminuído, estreito, segundo o qual a vida mental seria apenas um aspecto da vida cerebral, e a pretensa "alma" se reduziria ao conjunto de certos fenômenos cerebrais aos quais a consciência se acrescentaria como uma fosforescência. De fato, através de todo o século XVIII, podemos seguir os traços dessa simplificação progressiva da metafísica cartesiana. Na medida em que ela se estreita, mais se infiltra numa fisiologia que, naturalmente, encontra nela uma filosofia muito apropriada para lhe dar a confiança em si própria de que ela necessita. E é assim que filósofos como Lamettrie, Helvetius, Charles Bonnet, Cabanis, cujas ligações com o cartesianismo são bem conhecidas, trouxeram para a ciência do século XIX o que ela poderia melhor utilizar da metafísica do século XVII. Então, compreende-se que os cientistas que atualmente filosofam acerca da relação entre o psíquico e o físico adiram à hipótese do paralelismo: os metafísicos não lhes forneceram outra coisa. Admito ainda que eles prefiram a doutrina paralelista a todas aquelas que se poderiam obter pelo mesmo método de construção *a priori*: encontram nesta filosofia o encorajamento para ir adiante. Mas que algum dentre eles nos venha dizer que se trata de ciência, que é a experiência que nos revela um paralelismo rigoroso e completo entre a vida cerebral e a vida mental, isto não! Nós o deteremos e lhe responderemos: você pode, sem dúvida, você, cientista, sustentar essa tese, como o metafísico a sustenta, mas não é mais o cientista que fala, é o metafísico. Você nos devolve simplesmente o que lhe havíamos emprestado. A doutrina que você traz, nós a conhecemos; fomos nós que a fabricamos; e é uma mercadoria bem velha. Ela não vale menos por isso, é claro; mas também não se torna melhor.

BERGSON, H. "A alma e o corpo". In: *Conferências*. Trad. Franklin Leopoldo e Silva. São Paulo: Abril Cultural, 1989, pp. 208-9.

Texto 8. Willard van Orman Quine (1908-2000), *Epistemologia naturalizada*

Para os epistemólogos, Hume e outros, foi triste ter de aquiescer à impossibilidade de uma estrita derivação da ciência do mundo exterior, a partir da evidência sensorial. Entretanto, duas das teses capitais do empirismo mantiveram-se intacáveis e assim se mantêm até hoje. Uma delas é de que toda a evidência de que a ciência dispõe é evidência sensorial. A outra, da qual farei uso, é a de que qualquer processo de inculcar significados de palavras terá de repousar, em última análise, numa evidência sensorial. Daí a atração permanente da ideia de um "*logischer Aufbau*" [uma reconstrução lógica] em que o conteúdo sensorial do discurso seja explicitamente exibido. Se Carnap tivesse sido bem-sucedido nessa construção, como poderia decidir que essa era a correta? A questão não teria sido pertinente. Ele fora em busca do que chamava *reconstrução racional*. Qualquer construção de discurso fisicalista em termos de experiência sensível, lógica e teoria dos conjuntos seria encarada como satisfatória, se dela resultasse corretamente o discurso fisicalista. Se há um caminho, há muitos, mas qualquer um deles representaria um grande feito. Mas por que toda essa reconstrução criativa, por que todo esse simulacro? A estimulação dos receptores sensoriais constitui, em última análise, toda a evidência na qual cada um terá podido basear-se para chegar à sua imagem do mundo. Por que não ver simplesmente como essa construção realmente se processa? Por que não ficar com a psicologia? A transferência das responsabilidades epistemológicas para a psicologia havia sido condenada, anteriormente, como um raciocínio circular. Se o objetivo do epistemólogo era o de validar os fundamentos da ciência empírica, ao empregar a psicologia ou outra ciência empírica nessa avaliação, ela estaria frustrando seus propósitos. Todavia, tais escrúpulos contra a circularidade terão pouca relevância, uma vez que tivermos parado de sonhar com uma dedução da ciência a partir de observações. Se estivermos procurando simplesmente compreender o elo entre observação e ciência, será de bom critério empregar qualquer informação disponível, inclusive a que é oferecida por essa ciência mesma, cujo elo com a observação estamos procurando compreender.

QUINE, W. O. "Epistemologia naturalizada". In: *Relatividade ontológica e outros ensaios*. Trad. Oswaldo Porchat de Assis

Pereira da Silva e Andréa Maria Altino de Campos Loparic. São Paulo: Abril Cultural, 1980, p. 166.

Texto 9. John Searle (1932-), *Da relação entre mente e corpo*

Na minha concepção, a mente e o corpo interagem, mas não são duas coisas diferentes, visto que os fenômenos mentais são justamente características do cérebro. Uma maneira de caracterizar esta posição é vê-la como uma asserção do fisicalismo e do mentalismo. Suponhamos que nós definimos o "fisicalismo ingênuo" como a concepção de que tudo o que existe no Mundo são partículas físicas com suas propriedades e relações. O poder do modelo físico da realidade é tão grande que é difícil ver como podemos contestar seriamente o fisicalismo ingênuo. E definamos o "mentalismo ingênuo" como a concepção que os fenômenos mentais existem realmente. Existem, de fato, estados mentais; alguns deles são conscientes; muitos têm intencionalidade; todos têm subjetividade; e muitos funcionam causalmente na determinação dos eventos físicos do Mundo. A tese do primeiro capítulo pode agora enunciar-se de maneira muito simples. O mentalismo e o fisicalismo ingênuos são perfeitamente consistentes entre si. Na realidade, tanto quanto sabemos algo sobre o modo como o mundo funciona, eles não só são consistentes, mas são ambos verdadeiros.

> SEARLE, J. *Mente, cérebro e ciência*. Trad. Artur Morão.
> Lisboa: Edições 70, 2000, p. 33.

Texto 10. John Searle (1932-), *Da relação entre mentalismo e fisicalismo*

O meu objetivo neste livro foi tentar caracterizar as relações entre a concepção que temos de nós mesmo como agentes racionais, livres, conscientes, atentos, e uma concepção que temos do Mundo como consistindo de partículas físicas sem mente, sem significado. É tentador pensar que, assim como descobrimos que largas porções do sentido comum não representam adequadamente o modo como um mundo funciona, assim poderíamos descobrir que a concepção de nós mesmos e do nosso comportamento é inteiramente falsa. Mas há limites para esta possibilidade. A distinção entre realidade e aparência não pode aplicar-se à genuína existência da consciência, pois se aparentemente sou consciente, *sou consciente*. Poderemos descobrir toda a espécie de coisas surpreendentes acerca de nós mesmos e do nosso comportamento; mas não podemos descobrir que não temos mentes, que elas não contêm estados mentais conscientes, subjetivos, intencionalísticos; nem poderíamos descobrir que não tentamos, pelo menos, empenharmo-nos em ações voluntárias, livres e intencionais. O problema que a mim mesmo pus não foi provar a existência dessas coisas, mas examinar seu estatuto e as suas implicações para as nossas concepções do resto da natureza. O meu tema geral foi que, com certas exceções importantes, a concepção mentalística de sentido comum de nós mesmos é perfeitamente consistente com a nossa concepção da natureza enquanto sistema físico.

SEARLE, J. *Mente, cérebro e ciência*. Trad. Artur Morão. Lisboa: Edições 70, 2000, pp.120-1.

Texto 11. Benjamin Libet (1916-2007), *Funções neuronais e funções mentais*

Todos os mecanismos cerebrais que dão origem a experiências conscientes subjetivas (incluindo pensamentos, intenções, consciência de si etc.) não se identificam a fenômenos emergentes. Com efeito, mesmo um conhecimento total dos processos neuronais que são responsáveis por essas experiências não descreveria, *a priori*, os eventos mentais que as acompanham (os dois fenômenos devem ser estudados juntos para descobrir eventuais correlações entre eles). A transformação das estruturas neuronais em representação subjetiva pareceria desenvolver-se na esfera mental que emergiu da estrutura neuronal (o fato de empregar certos sinais neuronais específicos a fim de guiar os testemunhos em retrospectiva que o indivíduo dá a si mesmo de suas experiências sensoriais não nos diz como esse testemunho em retrospectiva é realizado). Como podemos articular a conclusão segundo a qual não haveria *nenhuma* descrição neuronal direta desse testemunho retrospectivo subjetivo concernente não apenas ao que é sensorial mas também a outros eventos mentais a certas visões filosóficas que tratam da relação pensamento-

-cérebro? Primeiramente, essa posição *não* evoca *nem* constitui um exemplo de dualismo, no sentido cartesiano do termo. Quer dizer, essa proposição não supõe uma existência separável ou independente do cérebro físico, de um lado, e dos fenômenos mentais, de outro. A meu ver, a função subjetiva mental constitui uma propriedade emergente das funções cerebrais adaptadas. O mental consciente não pode existir na ausência dos mecanismos neuronais que lhe dão origem. Entretanto, tendo emergido das atividades cerebrais como "propriedade" única desse sistema físico, o mental pode apresentar manifestações que são tudo, menos evidentes no seio mesmo do cérebro neuronal que o gerou. [...] A teoria da identidade do espírito e do cérebro é provavelmente a teoria filosófica mais largamente aceita para articular o "físico" ao "mental". Para dar uma versão simplificada da teoria da identidade, digamos que as características exteriormente observáveis da estrutura e da função do cérebro – em outros termos, os aspectos fisicamente observáveis do cérebro – descrevem a qualidade externa ou exterior do sistema. Os eventos mentais, conscientes ou inconscientes, descrevem uma "qualidade interior" do *mesmo sistema* ou "substrato". Isso quer dizer que o substrato dado é responsável tanto pelas qualidades descritas exteriores como pelas interiores. A teoria da identidade reconhece que as experiências subjetivas só são acessíveis (como qualidade interior) apenas ao indivíduo mesmo que as vive. Mas, se não há nenhum evento neuronal particular (evento físico) que corresponde a um evento mental (como os testemunhos retrospectivos subjetivos, feitos no espaço e no tempo), então não há nenhum substrato comum que permita extrair a identidade dessas qualidades exteriores e interiores. O saudoso Stephen Pepper (autor do livro *Dimensions of Mind*), que foi professor de Filosofia na Universidade da Califórnia em Berkeley, foi um dos primeiros defensores da teoria da identidade. Durante o debate que tivemos, ele se deu conta rapidamente que minhas descobertas ligadas ao testemunho subjetivo em retrospectiva no tempo criariam sérias dificuldades à teoria da identidade. Isso é particularmente verdadeiro se não há nenhum equivalente neuronal para essa operação mental. Os teóricos da identidade podem afirmar que essa aparente desconexão entre qualidades observáveis e qualidades interiores (mentais) não passa do modo como se manifestam os dois aspectos (exterior e interior) do mesmo substrato comum único. Mas dizer isso se aparentaria mais à dissimulação das dificuldades, recorrendo a uma palavra, o substrato comum, para esconder todas as suas propriedades. Além disso, o denominado substrato é uma interpretação especulativa que não pode ser refutada pelo menor teste. De toda maneira, está claro que os fenômenos interiores mentais possuem características muito diferentes daquelas do cérebro fisicamente observável, e as qualidades interiores não são descritíveis *a priori* em função das qualidades exteriores nem vice-versa. Uma outra questão: como devemos considerar nossa visão ou experiência do presente, do "agora"? A existência de um prazo que vai até 0,5 segundo para que apareça a consciência de um evento sensorial [permitindo ao indivíduo vetar a realização final de certos impulsos vindos de seu sistema físico-neuronal] introduziu uma dificuldade: a dificuldade de definir ou compreender o "momento presente". Todavia, a existência de uma orientação subjetiva retroativa no tempo (remontando ao momento da resposta primária rápida do córtex sensorial) restitui a *experiência subjetiva* do presente no presente. Temos, assim, uma situação estranha: a consciência do presente mesmo é realmente diferida, mais o *conteúdo* da *experiência* consciente é alinhada com o presente. Vivemos, portanto, subjetivamente, no presente antedatado, embora não sejamos de fato conscientes do presente durante um tempo que vai até 0,5 segundo depois que o sinal sensorial chegou ao córtex cerebral. Essas implicações têm consequências maiores no que concerne a certas visões do presente. Por exemplo, Ludwig Wittgenstein teria dito: *O presente não é nem passado nem futuro. Sentir o presente constitui, então, um fenômeno da ordem do atemporal.* Mas se nossa percepção de um estímulo sensorial é realmente antedatada no prazo de 0,5 segundo, a experiência é, na realidade, experiência de um evento que ocorreu 0,5 segundo antes. Então, o "presente" subjetivo é, na realidade, o presente de um evento sensorial do passado; ele não é "atemporal".

> LIBET, B. *L'esprit au-delà des neurones: une exploration de la conscience et de la liberté.* Paris: Dervy, 2012, pp. 107-9. Trecho traduzido por Juvenal Savian Filho. Título original inglês: *Mind Time: the Temporal Factor in Counsciouness.*

Texto 12. Eric R. Kandel (1929-), *A neurobiologia da memória*

Toda revolução tem suas origens no passado, e a que culminou na nova ciência da mente não é nenhuma exceção. Embora o papel central da biologia no estudo dos processos mentais fosse novo, a capacidade dessa disciplina de influenciar o modo como o homem vê a si mesmo já estava em jogo. Charles Darwin provou que não somos uma criação especial, mas sim o produto de uma evolução gradual a partir de animais inferiores, que são nossos ancestrais. Darwin sustentou, além disso, que todas as formas vivas provêm de um ancestral comum – remontam à criação da vida propriamente dita. Ele propôs a ideia ainda mais arrojada de que a força que impulsiona a evolução não é nenhum propósito consciente, inteligente ou divino, mas um processo "cego" de seleção natural, um processo completamente mecânico de seleção por ensaio e erro, que atua com base nas variações hereditárias. As ideias de Darwin constituíram um desafio direto ao ensino da maioria das religiões. Uma vez que a intenção original da biologia tinha sido a de explicar o desígnio divino da natureza, as ideias formuladas por Darwin demoliram o vínculo histórico entre a religião e a biologia. Com o tempo, a biologia moderna viria a propor que acreditássemos que os seres vivos, em toda a sua beleza e variedade infinita, nada mais são que os produtos de combinações sempre novas de bases de nucleotídeos, os blocos de construção do código genético do DNA. Essas combinações foram selecionadas durante milhões de anos pela luta dos organismos para sobreviver e se reproduzir. A nova biologia da mente é potencialmente mais perturbadora, pois sugere que não apenas o corpo, mas também a mente e as moléculas específicas por trás de nossos processos mentais mais complexos – a consciência que temos de nós mesmos e dos outros, a consciência do passado e do futuro – evoluíram de nossos ancestrais animais. Além disso, ela postula que a consciência é um processo biológico que será um dia explicado em termos de vias de sinalização molecular utilizadas por populações de células nervosas em interação.

KANDEL, E. R. *Em busca da memória: o nascimento de uma nova ciência da mente*. Trad. Rejane Rubino. São Paulo: Companhia da Letras, 2009, pp. 22-3.

EXERCITANDO A REFLEXÃO

1. Alguns exercícios para você compreender melhor o tema:

1.1. Exponha as teses centrais do atomismo antigo, analisando suas razões.

1.2. Explique por que Platão, no diálogo *Mênon*, recusa o atomismo antigo.

1.3. Distinga dualidade e dualismo no tocante à relação entre corpo/alma (ou corpo/mente).

1.4. O que significa dizer que Aristóteles elaborou uma teleologia?

1.5. Como, na Modernidade, contraria-se a teleologia aristotélica?

1.6. Explique como, na Contemporaneidade, o tema da relação corpo/mente só pode ser bem investigado se for remetido ao debate sobre a natureza do conhecimento científico.

1.7. Explique por que faz sentido dizer que, do ponto de vista biológico, o cérebro não necessita de um corpo em atuação para criar uma imagem sensório-motora do corpo.

2. Análise de textos:

Releia cada um dos textos selecionados anteriormente e identifique a tese central de cada um deles, com as respectivas razões que a justificam. Em seguida, compare os textos, identificando quais têm teses semelhantes e quais têm teses contraditórias entre si. Por fim, componha uma dissertação que reúna as teses semelhantes e contraditórias, sintetizando-as no seguinte debate: "A relação corpo-mente".

3. Debates:

DEBATE 1
A ciência moderna põe fim à teleologia?

Com base no percurso deste livro, analise as duas posições que registramos para cada tema de debate e procure compreender as razões apresentadas por elas.

1ª posição: Não!

A ciência moderna parece conservar uma visão teleológica do mundo, pois não se limita a descrever acontecimentos, mas busca explicar o sentido deles, ou seja, busca explicar por que as coisas acontecem do modo como acontecem. Ora, descrever um acontecimento e explicar o sentido dele são duas tarefas bastante distintas, inclusive porque, obedecendo aos próprios critérios da ciência moderna, não se pode considerar que o "sentido" seja algo científico, uma vez que não pode ser conhecido empiricamente. Em outras palavras, o sentido é da ordem da interpretação; não é da ordem da constatação. Usando a linguagem aristotélica, um cientista que crê ter encontrado o porquê de um acontecimento não se limita a identificar a causa material e a causa eficiente desse acontecimento, mas arrisca explicar a causa formal. Mesmo não chegando à causa final, parece elaborar uma teleologia, pois a causa formal, em certo sentido, confunde-se com a causa final, uma vez que contém a explicação de por que algo tenderá a um fim. Por isso, quando um cientista explica por que uma coisa é como é, comporta-se como metafísico; vai além da base empírica reivindicada por ele mesmo. Tomemos como exemplo o caso do darwinismo: o darwinismo mantém um modo de pensar teleológico, pois não se limita a descrever as transformações ocorridas ao longo da "evolução" (no âmbito da causa material e eficiente), mas arrisca dar uma explicação para elas (no nível da causa formal), ou seja, afirma que o sentido dessas transformações é a luta pela sobrevivência. Entra, portanto, num campo não observável, pois não apenas descreve o modo como se dão as transformações, mas diz que elas ocorrem porque os organismos estão em "luta" ou em processo de "seleção". Embora sua descrição seja convincente, a explicação nem sequer permite debate com base na evidência empírica, pois é impossível de ser verificada ou refutada. Raciocinemos pelo contrário: caso alguém dissesse que as transformações ocorreram por mero acaso ou por mera coincidência, ou ainda porque alguma inteligência suprema as concebeu dessa maneira ou porque esse é o movimento eterno do cosmo, isso não alteraria em nada a descrição da "evolução". Quer dizer, a descrição das transformações continuaria a mesma, mas explicada com um outro sentido. Fazer essa constatação não significa nenhuma rabugice filosófica; significa analisar o discurso científico segundo os seus próprios pressupostos. Falar de porquês é ir além da base empírica reivindicada pela ciência. A menos que, como fazem alguns cientistas contemporâneos, a teleologia seja redefinida como simples descrição (na ordem da causa material e eficiente). Mas, então, pode-se exigir mais coerência deles, esperando-se que não se pronunciem no campo dos porquês (na ordem da causa formal e, por conseguinte, da causa final, ainda que isso não seja evidente). Do contrário, farão teleologia no sentido antigo.

2ª posição: Sim!

No debate sobre a teleologia e a ciência moderna o que está em jogo é a própria noção de ciência. O darwinismo descreve transformações, mas, se existem explicações, essas são descrições de eventos ao longo de certos períodos de tempo.

Não existe comprovação experimental de fatos passados, pois os fatos passados são passados, ao menos como experimentos na Física, e isso enfraqueceria o poder explicativo do darwinismo como teoria científica. Entretanto, a noção de experimento em evolução está bem estabelecida em bactérias cultivadas em laboratórios, em populações isoladas de pássaros na Ilha de Galápagos etc. Não há um porquê em explicações científicas, ao menos no sentido dos antigos. Eis um parágrafo de um texto a respeito de teleologia na biologia contemporânea: "Ao perguntarmos por que determinada espécie de ave do hemisfério Norte inicia sua migração anual em determinada data, podemos obter duas respostas distintas e igualmente válidas. Uma delas nos dirá que a duração do dia, ao atingir um valor crítico, desencadeia uma resposta hormonal e neurológica que inicia a migração. A outra trará informações sobre como a resposta hormonal e neurológica veio a existir, e nos dirá que a espécie adaptou-se à variação sazonal da disponibilidade de alimento sincronizando seu deslocamento com as estações do ano, o que se deu pela reduzida mortalidade das populações que, casualmente, por mutação desenvolveram o comportamento hereditário de se deslocar para o sul. Atualmente, com o conhecimento mais detalhado da fisiologia e de aspectos moleculares dos fenômenos biológicos, as explicações físico-químicas deram tal dominância às causas próximas que a própria ideia de causas distantes ficou enfraquecida" (FERREIRA, M. A. "Teleologia na biologia contemporânea". *Scientia studia*, vol. 1, n. 2, 2003, p. 187).

DEBATE 2
O ser humano é dotado de livre-arbítrio?

Leia os dois casos a seguir e procure elementos para afirmar e negar que o ser humano tem livre-arbítrio, ou seja, a capacidade de escolher possibilidades para construir-se a si mesmo. Talvez você conclua que o ser humano não tem livre-arbítrio e é determinado por suas estruturas físicas. Talvez encontre mais coerência na afirmação de que o ser humano é dotado de liberdade, ainda que o exercício dela fique sujeito a certos condicionamentos. O importante aqui é argumentar!

Caso 1: O norte-americano refém de um tumor no cérebro

No ano de 2003, os *Archives of Neurology* publicaram um estranho caso clínico. Um homem norte-americano de classe média, até então sem o menor desvio de comportamento, começou a ver pornografia infantil e molestar sua enteada de 8 anos. Preso, seu comportamento sexual ficou obsessivo. Após queixar-se de dores e vertigens, ele passou por um *scan* que mostrou que seu cérebro tinha um grande tumor benigno no córtex frontal, invadindo as áreas conhecidas como septum e hipotálamo, conhecidas por controlar comportamentos sexuais. Após a remoção do tumor, seu comportamento voltou ao normal, até que partes do tumor que não haviam sido retiradas começaram a crescer. Removidas, seu comportamento voltou ao normal. Um caso como esse, extremo sem dúvida, mostra o quanto nossos comportamentos dependem diretamente de processos cerebrais. De fato, supor que o cérebro de algum modo funciona de modo causal – a partir de estados neurais imediatamente anteriores – para produzir comportamento parece ser consenso entre neurocientistas. Entretanto, isso parece ir contra nossas percepções comuns.

Caso 2: O neurocientista que descobriu o tempo da mente

O neurocientista norte-americano Benjamin Libet (1916-2007) intrigava-se com o seguinte raciocínio, muito comum entre seus colegas neurocientistas: uma deformação ou uma doença cerebral pode levar alguém a uma má ação, mas nem toda má ação decorre de uma deformação ou de uma doença cerebral, bem como nem toda deformação ou doença cerebral termina em má ação. Libet dedicou-se, então, a investigar a seguinte questão: mesmo sendo o indivíduo humano um ser condicionado por sua estrutura cerebral, não poderia ele realizar algum tipo de escolha moral e, portanto, ser considerado também um ser livre? Benjamin Libet realizou pesquisas bastante sofisticadas na Universidade da Califórnia, em São Francisco. Iniciou seus trabalhos com o dr. Bertram Feinstein, um neurologista experimental e neurocirurgião que permitia a Libet assistir a operações neurocirúrgicas e observar o funcionamento cerebral de pacientes acordados (que haviam recebido anestesia apenas no couro cabeludo e no periósteo que recobre o osso do crânio). Libet pôde, até certo ponto, desenvolver estudos sobre os arranjos cerebrais correspondentes aos estados de ânimo manifestados pelos pacientes. Posteriormente, Libet dedicou-se a realizar experimentos relativos à escolha (livre-arbítrio). Constatou que há um intervalo de tempo entre o arranjo neuronal que prepara toda decisão e a realização efetiva propriamente dita da decisão. Por exemplo, em uma de suas inúmeras pesquisas, Libet pediu aos seus colaboradores que dobrassem seus punhos quando quisessem. Ele também pediu que eles olhassem para um determinado ponto móvel que indicava a hora e que eles marcassem o momento preciso em que tinham decidido dobrar o pulso. Os colaboradores notaram sua intenção de mexer o pulso cerca de 200 milissegundos (0,2 segundo) *antes* que começassem realmente a mexê-lo. Libet mediu igualmente o potencial de preparação motora no cérebro. Nos colaboradores estudados, esse potencial iniciava seu arranjo sempre cerca de 550 milissegundos (0,55 segundo) *antes* que a ação começasse. Com base nessas e em inúmeras outras pesquisas, Benjamin Libet concluiu que nem todos os arranjos cerebrais que determinam decisões chegam de fato a fazer que o indivíduo efetive tais decisões. Isso quer dizer que o indivíduo tem sempre a possibilidade de impor um veto ao movimento iniciado inconscientemente em seu cérebro, impedindo que o sistema muscular seja ativado e realize a ação correspondente à decisão. Assim, as escolhas humanas são possíveis, e o livre-arbítrio é um fato, pois, embora as decisões resultem de arranjos cerebrais (base física para elas), elas não fazem parte de uma cadeia causal inextricável que conduz necessariamente a uma única decisão.

DICAS DE VIAGEM

Para você continuar sua viagem pelo tema da Neurociência, sugerimos:

1. Assista aos seguintes filmes, considerando as reflexões que fizemos neste livro:
- **1.1.** *Tempo de despertar* (*Awakenings*), direção de Penny Marshall, EUA, 1990.
- **1.2.** *Brilho eterno de uma mente sem lembranças* (*Eternal Sunshine of the Spotless Mind*), direção de Michel Gondry, EUA, 2004.
- **1.3.** *Amnésia* (*Memento*), direção de Christopher Nolan, EUA, 2000.
- **1.4.** *Johnny vai à guerra* (*Johnny Got his Gun*), direção de Dalton Trumbo, EUA, 1971.
- **1.5.** *Persona*, direção de Ingmar Bergman, Suécia, 1966.

2. Algumas obras literárias para ilustrar nossa reflexão:
- **2.1.** *Em busca do tempo perdido*, de Marcel Proust. Clássico monumental da literatura mundial; um tratado sobre o tempo, nosso modo de relação com ele pela memória e da busca de si mesmo. São sete volumes. Recomendamos especialmente o primeiro, "No caminho de Swann", e o último, "O tempo redescoberto".
- **2.2.** "Funes, o Memorioso", conto de Jorge Luis Borges publicado no livro *Ficções*, de 1944.
- **2.3.** *Os artistas da memória*, de Jeffrey Moore, Record, 2009. Trata-se de um livro despretensioso, repleto de humor, que explora caricaturas modernas de pessoas preocupadas com a saúde da mente.
- **2.4.** *A ilusão da alma: biografia de uma ideia fixa*, de E. Gianetti, Companhia das Letras, 2010. Romance-ensaio em que o narrador contrai um tumor, que ele chama de tumor físico, e, após uma obsessão por questões de neurociência, ele passa a chamá-lo de tumor metafísico.
- **2.5.** *O homem que confundiu sua mulher com um chapéu*, de Oliver Sacks, Companhia das Le-

tras, 1997. Neurologista com décadas de experiência, Oliver Sacks conta histórias surpreendentes de pacientes que sofrem de síndromes, inclusive o homem do título, que sofria de agnosia.

2.6. *Alucinações musicais*, de Oliver Sacks, Companhia das Letras, 2007. Série de crônicas a respeito de síndromes de um modo ou de outro relacionadas à música.

2.7. *Um antropólogo em Marte*, de Oliver Sacks, Companhia das Letras, 2006. O autor recolhe uma série de relatos de pessoas que sofreram acidentes com danos para o cérebro ou que possuem "más-formações" e, no entanto, seu organismo readaptou-se às condições, produzindo uma vida mental inteiramente saudável. Há, por exemplo, o relato de um pintor que, depois de um acidente de automóvel, passou a ver o mundo em escalas de cinza, sem, por isso, deixar a pintura. Há também o relato do próprio autor, que sofre da síndrome de La Tourette e, no entanto, tornou-se um dos melhores neurocirurgiões dos Estados Unidos, além de ser piloto de avião nas horas livres.

2.8. *A arte de esquecer*, de I. Izquierdo, Vieira & Lent, 2004. Ivan Izquierdo, um dos grandes especialistas em memória da atualidade, apresenta uma série de ensaios a respeito de como precisamos esquecer para ser quem somos.

3. Dicas de *sites* para pesquisa.

O campo das Neurociências e das relações entre neurociências e outras disciplinas floresce diariamente na internet. Em português ainda temos poucas páginas dedicadas às Neurociências, ao menos em relação a páginas em inglês, língua das neurociências. A Sociedade Brasileira de Neurociências e Comportamento (http://www.sbnec.org.br) reúne pesquisadores, pós-graduandos e estudantes do país e organiza eventos nacionais. O ótimo texto "As bases biológicas do comportamento", do professor da USP de Ribeirão Preto Marcus Lira Brandão, está disponível na página do CNPq (http://memoria.cnpq.br/cnpq/livro_eletronico/pdf/marcus_brandao.pdf). No campo da filosofia da mente, a página "Filosofia da mente no Brasil", do professor João Teixeira, da UFSCar, fornece *links*, textos, bibliografia e outras informações relevantes (http://www.filosofiadamente.org). Em inglês, a oferta é abundante. Um bom começo pode ser a página "BrainFacts", que discute temas básicos a avançados e promove educação pública em neurociência (http://www.brainfacts.org). A Society for Neurocience, "a maior organização de cientistas e médicos dedicados ao entendimento do cérebro e do sistema nervoso", promove encontros anuais com mais de trinta mil participantes, e sua página também disponibiliza informações a respeito de neurociências, sua história, notícias e muito mais (http://www.sfn.org). A *Encyclopedia of Computational Neuroscience*, uma espécie de Wikipedia que publica artigos escritos e revisados por pesquisadores renomados, pode ser outra porta de entrada às neurociências (http://www.scholarpedia.org/article/Encyclopedia_of_computational_neuroscience). Dois grandes projetos em curso são o The Human Brain Project e o Human Connectome Project. Financiado pela União Europeia, o The Human Brain Project visa realizar simulações do cérebro em supercomputadores. Baseado em pesquisas de laboratório e tendo por alvo a clínica, o projeto também visa o desenvolvimento de novas tecnologias de computação, em grande parte inexistentes devido à complexidade do cérebro humano (https://www.human brainproject.eu). Financiado pelo governo americano, o Human Connectome Project visa entender os padrões de conexão neuronal de modo inédito (http://www.humanconnectomeproject.org). Além disso, existe uma infinidade de blogues, entre os quais destaca-se aqui o Neuronathropology, cujo nome já sugere uma nova disciplina (http://blogs.plos.org/neuroanthropology/). Para as posições de Benjamin Libet, que vão na contramão das posições hegemônicas, ver http://www.geocities.ws/existem_espiritos/livre_veto.html

LEITURAS RECOMENDADAS

BERGSON, Henri. *Matéria e memória*. Trad. Paulo Neves. São Paulo: Martins Fontes, 1999.
Estudo denso e original sobre o dualismo psicofísico, em que Bergson desenvolve suas principais teses sobre a experiência humana mista de matéria e espírito, concentrando a solução do clássico problema no campo preciso dos fenômenos de memória.

———. *A energia espiritual*. Trad. Rosemary C. Abílio. São Paulo: Martins Fontes, 2006.
Coletânea de conferências que exploram as consequências da teoria da memória de Bergson no tratamento de temas ligados à Psicologia e à Metafísica.

BEAUREGARD, M. & O'LEARY, D. *O cérebro espiritual*. Trad. Alda Porto. Rio de Janeiro: Best Seller, 2010.
O neurocientista canadense Mario Beauregard adota a abordagem experimental e mecanicista da vida psíquica para entender como o cérebro processa vivências religiosas e espirituais. Suas conclusões vão na contramão das

posições hegemônicas, que limitam a experiência religiosa a um artefato cerebral, patologia ou peculiaridade evolucionista. É uma leitura instigante para pôr em debate não apenas questões filosóficas, mas também científicas.

CHURCHLAND, P. M. *Matéria e consciência: uma introdução contemporânea à filosofia da mente.* São Paulo: Unesp, 2004.

Filósofo americano contemporâneo, neste livro Paul Churchland apresenta para um público não especializado questões a respeito das relações entre corpo e mente, questões de semântica e intencionalidade (entre as quais a tão criticada "psicologia popular"), inteligência artificial e neurociências.

DAMÁSIO, A. *O erro de Descartes: emoção, razão e o cérebro humano.* Trad. Dora Vicente e Georgina Segurado. São Paulo: Companhia das Letras, 1998.

Professor na Universidade do Sul da Califórnia, o neurocientista português António Damásio parte do famoso caso clínico de Phineas Gage, que em meados do século XX sofreu sérias lesões em seu córtex frontal que alteraram seu comportamento, para criticar o dualismo substancial de Descartes.

DESCARTES, R. *Meditações. Objeções e respostas. As paixões da alma.* Trad. B. Prado Jr. e J. Guinsburg. Prefácio

e notas Gérard Lebrun. São Paulo, Abril Cultural, 1983.
Um dos fundadores da filosofia moderna, René Descartes delimitou de modo "claro e distinto" o problema mente-corpo, separando cada qual como substâncias distintas, posição há muito criticada por filósofos e, recentemente, por neurocientistas. Nesse texto, entre muitos assuntos, Descartes deixa clara a separação entre corpo e alma.

HORGAN, J. *A mente desconhecida: por que a ciência não consegue replicar, medicar e explicar o cérebro humano.* Trad. Laura Teixeira Motta. São Paulo: Companhia das Letras, 2002.
O autor é um respeitado jornalista científico dos Estados Unidos e analisa as principais linhas de pesquisa da ciência da mente (Neurociência, genética comportamental, psicanálise, psicologia evolucionista, engenharia da inteligência etc.), tirando a conclusão desconcertante de que estamos longe de decifrar o enigma da mente humana.

JONAS, H. *Matéria, espírito e criação: dados cosmológicos e conjecturas cosmogônicas.* Trad. Wendell Evangelista Soares Lopes. Petrópolis: Vozes, 2010.
O pensador Hans Jonas procura resgatar a "dignidade" da Filosofia por meio do restabelecimento de sua vocação a pesquisar o ser da Natureza e a natureza do ser.

KANDEL, E. R. *Em busca da memória. O nascimento de uma nova ciência da mente*. Trad. Rejane Rubino. São Paulo: Companhia da Letras, 2009.

Eric Kandel, professor de biofísica e bioquímica da Universidade de Columbia, em seu livro relata sua vida e suas pesquisas inovadoras sobre a memória, que lhe deram o Prêmio Nobel de Medicina em 2000.

——; SCHWARTZ, J. H.; JESSELL, T. M. (orgs.). *Princípios da Neurociência*. Diversos tradutores. Barueri: Manole, 2003.

Conhecido como "o Kandel", este é o livro-texto usado por estudantes de Neurologia e Neurociências nas escolas de medicina. Ao longo de mais de mil páginas, os assuntos partem da célula e da biologia molecular do neurônio para chegar às funções superiores, incluindo a consciência.

LEDOUX, J. *O cérebro emocional: os misteriosos alicerces da vida emocional*. Trad. Terezinha Batista dos Santos. Rio de Janeiro: Objetiva, 2001.

Professor do Centro de Ciência Neurológica da Universidade de Nova York, Joseph LeDoux pesquisa de modo pioneiro as emoções, especialmente a amígdala, parte do cérebro relacionada diretamente ao comportamento perante situações de medo. Como outros autores, ele coloca em questão a epistemologia tradicional, que desconsidera as emoções nos processos de aprendizado e memória.

LENT, R. *Cem bilhões de neurônios? Conceitos fundamentais de Neurociências*. Rio de Janeiro: Atheneu, 2010.

Professor titular da Universidade Federal do Rio de Janeiro, Roberto Lent oferece uma ótima introdução às Neurociências, apresentando o sistema nervoso, os neurônios e suas funções, os sentidos do corpo, movimentos, estados corporais e as chamadas funções superiores.

NAGEL, T. "Como é ser um Morcego?" Trad. Paulo Abrantes e Juliana Orione. *Cadernos de História e Filosofia da Ciência*, Campinas, Série 3, v. 15, n. 1, pp. 245-62, jan.--jun. 2005.

Professor de Filosofia da Universidade de Nova York, Thomas Nagel é um autor que critica fortemente a visão científica de mundo. Nesse clássico texto da filosofia da mente, Nagel defende a ideia de que o fisicalismo contemporâneo não explica a consciência e os estados subjetivos.

NICOLELIS, M. *Muito além do nosso eu*. Trad. do autor. São Paulo: Companhia das Letras, 2011.

O autor é um respeitado cientista brasileiro que está à frente do laboratório de engenharia cerebral na Universidade Duke, nos Estados Unidos. Nessa obra, apresenta

> *resultados de algumas de suas pesquisas mais impactantes em torno da conexão entre cérebro e máquina.*

PINKER, S. *Como a mente funciona*. Trad. Laura Teixeira Motta. São Paulo: Companhia das Letras, 2002.

> *Nessa obra, de estilo acessível ao público sem conhecimentos técnicos de neurobiologia, o autor procura explicar a mente humana a partir da teoria da evolução das espécies, de Darwin, e da moderna ciência cognitiva, concebendo a vida psíquica como um conjunto de mecanismos.*

PLATÃO. *Fédon*. Trad. Carlos Alberto Nunes. Belém: UFPA, 2011.

> *Leitura obrigatória para quem estuda Filosofia, o Fédon narra os momentos finais de Sócrates e mostra de modo claro a distinção entre corpo e alma, e também confirma a provocação do filósofo inglês Alfred N. Whitehead (1861-1947), qual seja, que a filosofia ocidental é um "conjunto de notas de rodapé a Platão".*

QUINE, W. O. "Epistemologia naturalizada". In: *Relatividade ontológica e outros ensaios*. Trad. Oswaldo Porchat de Assis Pereira da Silva e Andréa Maria Altino de Campos Loparic. São Paulo: Abril Cultural, 1980, pp. 163-75.

> *Um dos mais importantes filósofos do século passado, Willard van Orman Quine, partindo da ideia de que a*

Epistemologia não cumpriu seu objetivo, qual seja, fundamentar as ciências, sugere a naturalização da Epistemologia.

SEARLE, J. *Neurobiologia e liberdade. Reflexões sobre o livre-arbítrio, a linguagem e o poder político*. São Paulo: Unesp, 2007.

Professor da Universidade da Califórnia, John Searle apresenta um pequeno livro originado em conferências proferidas em Paris, no início de 2001. Partindo do problema de adequar o senso comum às explicações das ciências contemporâneas, Searle esboça um grande programa de pesquisa que inclui consciência, intencionalidade, linguagem, racionalidade, livre-arbítrio, sociedade e suas instituições, e política.

IMPRESSÃO E ACABAMENTO

YANGRAF

GRÁFICA E EDITORA LTDA.
WWW.YANGRAF.COM.BR
(11) 2095-7722